金持ちになる男、貧乏になる男

How Rich People Think

スティーブ・シーボルド
Steve Siebold
弓場 隆 訳

サンマーク出版

プロローグ――どうすれば金持ちになれるのか？

この本はお金に対する考え方について書かれている。私は約二十五年間にわたって多くの金持ちに話を聞き、数々の教訓を学んだ。それをひとつずつ短い項目にして端的に紹介したのがこの本である。

どの項目も「金持ちになる男」と「貧乏になる男」を比較している。それぞれ「富裕層（億万長者）」と「中間層（一般大衆）」を指す。両者の考え方の違いは多岐にわたり、どれをとっても対照的だ。

私がこの研究を始めたのは、大学在学中の一九八四年である。当時、一文なしの貧乏学生で、学校では教えてくれない成功の秘訣《ひけつ》を探していた。その後、いろいろな発見をして私の人生は変わった。あなたにも同じ経験をしてもらいたい。

私が多くの金持ちに話を聞いた理由は、自分も金持ちになりたかったからだ。その際に気づいたのは、金持ちになるには、まず金持ちの「考え方」を身につけなければならないということである。

私は人生最初の二十五年間を貧乏人の考え方で過ごし、いつも貧しくて困っていた。しかし、**考え方を変えると行動パターンも変わり、やがて金持ちの仲間入りをすることができた。**

私やその他の金持ちの成功例は特別なことではない。**あなたもその気になれば同じことができるのである。**この本を仕事と人生に役立ててほしい。

では、成功を祈る。

スティーブ・シーボルド

金持ちになる男、貧乏になる男　もくじ

第2章 お金に対して偏見をもっていないか？

第3章
自分には稼げないと思い込んでいないか？

第4章 自分を信じて努力しているか？

第5章 積極的にチャンスをつかもうとしているか？

第6章 お金に対して罪悪感をもっていないか?

第7章
子どもにお金の重要性を教えているか？

第8章 自分に投資しているか？

装　丁　重原　隆
編集協力　逍遙舎
本文組版　山中　央

第1章

お金の本質を理解しているか？

あなたはお金の本質について考えたことがありますか？
お金は何かを生産する人たちの道具です。
あなたはそれが邪悪なことだと思いますか？
——アイン・ランド（アメリカの哲学者）

1

貧乏になる男は「小銭を貯める」ことを考え、金持ちになる男は「大金を稼ぐ」ことを考える

貧乏になる男は将来への不安とお金を失う恐れから、お金を貯める方法に意識を向ける。たしかに金持ちになる男も貯蓄は大切だと考えているが、世の中の問題を解決し、人びとの役に立つことによって大金を稼ぐことを考える。

経済危機が発生すると、恐怖や不安からお金を貯め込んでいる人たちは大きな損失をこうむり、立ち直るのにかなり時間がかかる。金持ちになる男も大きな損失をこうむるが、社会が混乱しているなかでめぐってくる「チャンス」に意識を向ける。

貧乏になる男が短期的な利益のために守りに転じるのに対し、金持ちになる男は長期的な成功のために攻めに転じる。**貧乏になる男が恐怖と不安を意識して行動するのに対し、金持ちになる男は豊かさを意識して行動する。**自力で財産を築いた人たちは、周到に計算してリスクを

とる。なぜなら、たとえ失っても取り戻せると考えているからだ。

貧乏になる男が短期で儲《もう》かる投資先をたえず探すのに対し、金持ちになる男は堅実な投資だけをする。基本的に「財産は社会に貢献することによって築くもの」と考えているからだ。

貧乏になる男は大金を稼ぐために頭を使うことよりも、貯蓄と投資をもとに少額の利益を得ることを考える。しかし、クーポン券を集めながら節約して暮らすことに意識を向けるあまり、大きなチャンスを見逃しているのが実情だ。**金融危機のさなかでも、金持ちになる男は小銭を貯めるという貧乏人の考え方を拒否し、創意工夫をして大金を稼ぐことに労力を傾ける。**

あなたはどうだろうか。小銭を貯めることか大金を稼ぐことか、どちらに意識を向けているかを考えてみよう。

現在の財務状況を見れば、自分のこれまでの考え方がわかる。もしあなたの財務状況がよければ、これまでの考え方を継続すればよい。しかし、そうでないなら変化を起こすべきだ。

金持ちになるためのアドバイス

物事をもっと大きく考えて、お金を稼ぐ力を最大化しよう。

2

貧乏になる男は「時間」をお金と交換することを考え、金持ちになる男は「アイデア」をお金と交換することを考える

貧乏になる男は時間をお金と交換する。そのために、お金が時間と直結しているという短絡思考に陥りやすい。

貧乏になる男は、長時間働くことが多くのお金を稼ぐ唯一の方法だと思い込んでいる。一方、金持ちになる男は、大金を稼ぐにはこうした短絡思考から脱却する必要があることを知っている。彼らは世の中の問題を解決して大金を稼ぐ達人だ。問題解決のアイデアは無限にあるから、稼げるお金も無限にある。それが金持ちになる男に共通する考え方だ。

貧乏になる男は生計を立てることで精いっぱいで、将来に不安を抱いてビクビクしている。一方、金持ちになる男は高いレベルの意識をもち、いつもワクワクしながら活動している。

貧乏になる男はお金の心配をして莫大《ばくだい》なエネルギーを浪費している。しかし、金持ちになる

男はつねにより豊かになることに意識を集中している。

よいアイデアをよいタイミングで思いつけば、財産は比較的早く築くことができるが、それはその人が時間をお金と交換するという短絡思考から脱却する場合に限定される。

貧乏になる男は時間をお金と交換して稼ごうとするばかりで、社会に役立つ創造的なアイデアを考える努力をしない。 もしそれをすれば、人は思いのままに財産を築くことができる。誰もがそういう潜在能力を秘めているのだ。これは今まで何度も実証されているにもかかわらず、貧乏になる男はそれを信じようとしないので財産を築けない。その結果、豊かな者はますます豊かになり、貧しい者はますます貧しくなる。

自由主義国家の特徴は、まずお金を稼ぎ、次にお金でお金を稼ぎ、さらに多くのお金でもっと多くのお金を稼ぐことができるという希望があることだ。

ポール・エルドマン（アメリカの経済作家）

金持ちになるためのアドバイス

時間をお金と交換するという考え方から脱却し、創造性を発揮しよう。そして、人びとの役に立つ画期的な解決策を見つけ出すことで大きなお金を稼ごう。

3

貧乏になる男は「労働」を名誉の勲章と考え、金持ちになる男は「成功」を名誉の勲章と考える

もし汗水たらして働くことが経済的成功の秘訣《ひけつ》なら、工事現場の作業員やレストランのウエートレスはみな金持ちになるはずだ。しかし現実はそうなっていない。

一方、**金持ちになる男は戦略的視点からもっとも儲かる分野に労力を集中し、人脈、信用、能力にレバレッジをかけて結果を最大化する。** レバレッジとは、「てこ」の原理を利用して小さな力で大きな力を発揮することである。

たしかに金持ちになる男も一生懸命に働くが、それは通常の意味においてではなく、競争相手よりも深く考えるという意味においてである。

金持ちは成功を名誉の勲章と考え、貧乏人は労働を名誉の勲章と考える。**貧乏人が一日の終わりに心身ともに疲れてクタクタになっているのに対し、金持ちは貧乏人の雇用を維持するた**

めの方法を考えてワクワクしている。その結果、貧乏になる男がわずかな給料を得るのに対し、金持ちになる男は無限の豊かさを手に入れる。唯一の違いは、汗水たらして働く代わりに知恵をひねることだ。

資本主義社会のすばらしさは、誰もが自由に考え方を変えられることである。ところが、ほとんどの人はそれをしない。どうやって考え方を変えればいいかを知らないし、それができるとも思っていないからだ。結局、金持ちはますます資産を増やし、貧乏人はそれを横目でにらみながら請求書の支払いに追われる。

人間が道具にレバレッジをかけて動物より優位に立つのと同様、賢い人間は知識にレバレッジをかけて他の人間より優位に立つことができる。簡単に言えば、レバレッジをかけるというのは力を得るということだ。

ロバート・キヨサキ（アメリカの実業家）

金持ちになるためのアドバイス

汗水たらして働かないとお金は稼げないという思い込みを捨てて、レバレッジをかけて成功する方法について考えよう。

4

貧乏になる男は「お金」が諸悪の根源だと考え、金持ちになる男は「貧困」が諸悪の根源だと考える

貧乏になる男は「金持ちなんてどうせ幸運な人か悪い人のどちらかだ」と思い込んでいる。多くの人は「諸悪の根源は拝金主義だ」という聖書の教えをねじ曲げて、「諸悪の根源はお金だ」と考えている。こうした誤解と無知のために、貧乏人はお金が足りないことに意識を向けて金欠病に侵されているのが現状だ。

金持ちになる男はお金で幸せが買えないことを知っている。しかし、お金があれば、生活が豊かになり、さまざまな恩恵を受けられると考えている。だから財産を築くために役立つプラスの信念を意識的に築き上げる。

豊かな世の中にもかかわらず、貧乏人が金持ちになれないのは、知能が足りないからでも、学歴がないからでもない。本当の原因は、お金の苦労を余儀なくさせるマイナスの信念である。

金持ちの仲間入りをしたいなら、彼らのお金に対するプラスの信念を見習い、その信念にもとづいて行動すべきだ。

貧乏人が自分の外に答えを見つけようとするのに対し、金持ちは資産が心の中でつくられることを知っている。まず、金持ちのお金に対する信念を学び、それにしたがって行動しよう。結果は行動のあとに表れる。

ほとんどの人は「そんな簡単なはずがない」と疑ってかかる。あなたはどうだろうか。とにかく挑戦してみよう。それによって失うものは何もない。

お金は邪悪だと言う人が現れたら、すぐに身を遠ざけよう。その人は貧乏神だ。

アイン・ランド（アメリカの哲学者）

金持ちになるためのアドバイス

自分が野心をもっていることを誇りに思おう。そして、「金持ちになりたいと思うのは間違っている」と言う人を無視しよう。

5

貧乏になる男は金持ちになることが「特権」だと考え、金持ちになる男は金持ちになることが「権利」だと考える

貧乏になる男は、金持ちになることが一部の幸運な人だけに与えられる特権だと考えている。一方、金持ちになる男は、社会のために価値を創造するなら、誰でも金持ちになる権利があると考えている。

この考え方の違いが貧乏になる男を「宝くじ」に、金持ちになる男を「仕事」に向かわせる。**貧乏人は当たりくじを引いて一攫千金《いっかく》を狙《ねら》う。一方、金持ちは世の中の問題を解決することに尽力する。**だから、人びとの暮らしをよくして社会に貢献しているなら、自分は経済的に豊かになる権利があると考える。

金持ちになる男は、よりよいモノやサービスを提供して人びとの生活を向上させる新しい方法をいつも考えている。ところが、貧乏になる男は彼らのそういう姿を見て、「自分の利益ば

かり追求する金の亡者だ」などと見当違いな批判をする。

貧乏になる男がテレビを見たりネットサーフィンをしたりしている間、金持ちになる男は考え、働き、よりよい生活を夢見る。貧乏になる男はお金を稼ぐことよりも娯楽に興じることに関心を寄せる。本当は金持ちになりたいのだが、自分にそれができるとは思っていないから、しかたなくそうしているのだ。

金持ちになることは自分の信念からはかけ離れているので、貧乏になる男は金持ちになれるとは思いもよらないのだ。しかし、**この世の中は問題解決に対して報酬が支払われる仕組みになっているので、問題を解決すれば誰でも金持ちになれる。**

金持ちになる男は、自分が創造する価値に対してお金を得る権利があると考えている。だから、スポーツの試合やビデオゲームに興じるひまがあるなら、社会に貢献して財産を築くための新しいアイデアに時間と労力を集中すべきだと考える。この事実がわかれば、ごく一部の人が世の中の富の大半を独占していることが納得できるだろう。

金持ちになるためのアドバイス
価値を提供して社会に貢献すれば財産を築くことができる。

6

貧乏になる男はお金が「複雑だ」と考え、金持ちになる男はお金が「単純だ」と考える

貧乏になる男がお金は複雑だと思い込んでいるのに対し、金持ちになる男はお金がアイデアから生まれることを理解し、社会に価値を提供すればするほど金持ちになれることを知っている。彼らはお金という複雑なテーマを単純な秘訣にまとめる達人だ。

自由市場経済の下で金持ちになるためには、世の中の問題に対する解決策をお金と交換すればよく、解決する問題が大きいほど収入が増える。きわめて単純な原理だ。

貧乏になる男は、金持ちが高知能で高学歴の幸運者だと思い込んでいる。しかし、それはまったくの誤解である。**金持ちになる男はお金を稼ぐことについて無限の可能性を追求するから、いくら失敗しても成功するまであきらめないだけのことだ。**

貧乏になる男はアイデアの重要性に気づかず、日々の生活に追われてビクビクしながら生き

ている。一方、金持ちになる男は新しいアイデアがもたらす豊かな世の中を確信し、ワクワクしながら日々を送っている。

貧乏になる男は金持ちになるのは統計的に不可能だと思い込んで現状に甘んじる。一方、金持ちになる男はそんな統計を無視して積極果敢に挑戦する。

大金を稼ぐことは簡単ではないが単純である。金持ちになるのに謎《なぞ》めいた要素はないが、お金に対するマイナスの信念のためにほとんどの人が挑戦をあきらめているのが実情だ。

あなたはどうだろうか。挑戦をあきらめていないだろうか。

> 成功者は金儲けに長《た》けている。大金を稼げば成功者というわけではないが、成功者が大金を稼ぐことができるのは確かだ。彼らは何をしても成功をたぐり寄せる。
>
> ウエイン・ダイアー（アメリカの心理学者）

金持ちになるためのアドバイス

「大金を稼ぐことは単純だ」と自分に言い聞かせ、どんな気分になるか試してみよう。

7

貧乏になる男は金持ちが「ずるい」と考え、金持ちになる男は金持ちが「野心的だ」と考える

多くの人は子どものころに、親や教師などの影響力のある人たちから「金持ちはずるいことをしてお金を儲けている」と教えられて大人になった。これは、貧乏になる男がお金持ちになれない言い訳である。一方、金持ちになる男は、財産が野心と気迫とビジョンによって築き上げられると考えている。社会のどの階層にも、不正な手段でお金を稼ぐ人は存在するが、その割合は富裕層でも中間層でも同じである。

貧乏になる男は自己責任という考え方を嫌うので、成功者の批判をして自分のふがいなさをごまかそうとする。不幸なことに、彼らはその歪《ゆが》んだ価値観を子どもに伝えるから、世代を経るごとにその歪みが増幅していく。

一方、**金持ちになる男は自分に責任をもち、財産を築くために全力を傾ける。言い訳をして**

時間と労力を浪費するのではなく、創造性を発揮して問題解決のために時間を有効に使う。

貧乏になる男は金持ちを批判するために著名人の金銭スキャンダルを引き合いに出す。一方、金持ちになる男は世の中の問題を解決するために新しいアイデアを探し求める。つまり、**貧乏になる男は言い訳することと批判することに、金持ちになる男は行動することと業績を上げることに意識を向けるのである。**その結果、貧乏になる男はますます貧しくなり、金持ちになる男はますます豊かになる。

自力で財産を築いた人たちが野心的でいられるのは、自信をもって考え抜き、粘り強く目標を追い求めるからである。自分の能力を信じるだけでは金持ちになれないが、それにもとづいてたゆまぬ努力を続ければ、やがて金持ちになることができる。

私は芯《しん》が強くて野心的で、明確な目標をもっている。それを批判されるなら本望だわ。

マドンナ（アメリカの歌手、女優）

金持ちになるためのアドバイス

周囲の人に「私をどれだけ野心的だと思うか」と質問しよう。「あまり野心的ではない」という答えが返ってきたら、あなたは金持ちになる可能性が低い。

8

貧乏になる男は「自分の努力」の対価としてお金を稼ぎ、金持ちになる男は「チームの努力」の対価として大金を稼ぐ

貧乏になる男は九時から五時までせっせと働き、自分の努力の対価としてお金を稼ぐ。しかし、組織への貢献はあまり考えない。一方、金持ちになる男は、大金を稼ぐにはチームの努力が不可欠だと考え、チームづくりに労力の大半を費やして自分のアイデアと行動にレバレッジをかける。

つまり、金持ちになる男は「チームの努力」の対価として大金を稼ぐのだ。彼らはリーダーとしてチームをまとめ、イニシアチブをとって周到に準備した戦略をもとに人びとを正しい方向に動かす。

貧乏になる男は「自分の功績」を認めてもらうことに関心を寄せる。しかし、金持ちになる男はチームに功績を譲り、自分の功績より「全体の利益」を優先する。言い換えると、貧乏に

なる男が賞状やトロフィーを誇らしげに見せびらかすのに対し、金持ちになる男は組織に利益をもたらすことが重要だと考えるのである。要するに、**貧乏になる男は自分の功名心を満足させ、金持ちになる男は資産形成に意識を向けるということだ。**両者の主な違いは、チームをつくって功績を分かち合う姿勢をもっているかどうかである。

貧乏になる男は大金を稼げない埋め合わせとして自分を世間に認めてもらおうと躍起になる。結果を出すことより自己満足を優先している証しだ。一方、金持ちになる男は結果を出すことに集中し、チームメートの功名心を満足させて利益を得る。

チームワークはきわめて重要である。チームワークを大切にしなければ、あなたが能力を最大限に発揮したり大金を稼いだりすることはまず不可能だ。

ブライアン・トレーシー（アメリカの経営コンサルタント）

金持ちになるためのアドバイス

自分だけでやろうとしていた重要なプロジェクトを、誰かの協力を得て行ってみよう。

9
貧乏になる男は お金の「心配」をし、 金持ちになる男は お金の「夢」を見る

貧乏になる男はたえずお金の心配をしているのに、お金の重要性を否定する。子どものころに「お金は大切ではない」という考え方をたたき込まれたからだ。一方、金持ちになる男はこうしたマイナスの信念を排除し、財産を築くことに集中する。たいていの場合、その目的は、お金の心配をせずに自由に暮らすことだ。

多くの金持ちは財産を築いたあとでも働きつづける。なぜなら、仕事が大好きだからだ。その動機が金銭欲であることはめったにない。彼らはお金にできることに限界があることをよく知っている。

プライベートジェットや高価な美術品を所有する人もいるが、ほとんどの金持ちはそんなにぜいたくな暮らしをしているわけではない。お金で買えるのはよい暮らしのごく一部であるこ

とを知っているからだ。**彼らが求めているのは、金持ちであることによって得られる心の平安だ。それによって平常心を保ち、さらに多くの財産をもたらす新しいアイデアを生み出す。**

貧乏になる男は恐怖と欠乏におびえて萎縮《いしゅく》している。一方、金持ちになる男は愛と豊かさにあふれて無限の可能性を追求する。彼らは仕事と人生をゲームとみなしていて、経済的成功がさらなる自信を生む。

金持ちの成功の要因は知能や学歴が高いことにあるのではなく、若いころからプラスの信念を身につけていることにある。それが夢と目標に向かって前進する原動力になっているのだ。**彼らはお金について夢を見て、それを手に入れ、さらに重要な目標を追求する。心理学者マズローの言う「自己実現」をめざしているのだ。自己実現とは、潜在能力を最大限に発揮して自分らしさを追求することである。**

金持ちになるためのアドバイス

お金の心配で浪費しているエネルギーを資産形成に転換しよう。

第2章

お金に対して偏見をもっていないか？

お金は神様でも悪魔でもない。
それは中立的であり、持ち主が欲深くても愛情深くても、
その人の本性をあらわにする力をもっている。
——ダン・ミルマン（アメリカの作家）

10

貧乏になる男はお金を「悪いもの」と考え、金持ちになる男はお金を「よいもの」と考える

貧乏人にお金について質問すると、お金をもっていない理由がすぐにわかる。お金を必要悪とみなして軽視し、金持ちを強欲で自己中心的だと考えているからだ。彼らはお金を稼ぐことを浅ましいと感じ、そんな苦労をするより音楽や映画、スポーツを楽しんだほうがいいと思い込んでいる。

一方、金持ちはお金をよいものとしてとらえ、お金には自分と家族に自由と機会をもたらす力があると考える。お金があれば、拘束されない生き方を選択することが可能になる。したいことを、したいときにすることができるからだ。さらに、貧乏人にとっては非現実的とも思えるぜいたくな趣味を楽しむこともできる。

金持ちの多くは慈善活動に熱心で、恵まれない人びとに多額の寄付をしている。実際、富裕

層による経済的支援がなければ、慈善事業の大半は成り立たなくなる。**貧乏人は金持ちを利己的で強欲だと批判するが、金持ちの多くは莫大《ばくだい》な寄付をして慈善活動を推進する博愛主義者である。**さらに、彼らは貧乏人が生涯にわたって払うより多くの税金をたった一年で払い、政府の税収を支えている功労者でもある。

貧乏になる男と金持ちになる男のお金に対する考え方の違いは、お金を邪悪な道具と考えるか、人びとに希望を与える有益な道具と考えるかだ。そしてそれは、うだつが上がらない人生か実り豊かな人生の違いにつながる。

経済的余裕のある人間は境遇をコントロールできるが、経済的余裕のない人間は境遇にコントロールされ、多くの場合、判断力を行使する機会すら得られない。

ハービー・ファイアストン（アメリカの実業家、ファイアストンタイヤの創業者）

金持ちになるためのアドバイス

もし金持ちになったら自分に何ができるかを列挙してみよう。

11

貧乏になる男は「金持ちは卑怯で打算的だ」と考え、金持ちになる男は「金持ちは正直で戦略的だ」と考える

金持ちは卑怯《ひきょう》で打算的で、貧しさが名誉の勲章だという考え方が、何世代にもわたって受け継がれてきた。この思想の源流をさかのぼると、「金持ちが神の国に入るより、らくだが針の穴を通るほうがまだやさしい」という聖書の教えにたどり着く。この一節を文字どおり解釈することで、世界でもっとも裕福な組織であるカトリック教会は、法王を極貧の下僕と公言し、人びとに寄付を呼びかけてきた。これは私の見解ではなく歴史的事実である。

この巧みな心理操作は伝統として現代にまで引き継がれている。豪邸に暮らしてプライベートジェットで世界各地を飛び回る伝道者が、貧乏人を救済する名目で聖水を売っているのだ。こんなことができるのは、貧しさが美徳であり、家賃を払えなくてもなけなしのお金をはたいて教会に寄付すべきだという信念が、貧乏人の間に浸透しているからだ。

金持ちになる男は自分を正直で戦略的だと考え、財産を築きたいという願望を堂々と語る。ただし、彼らは卑怯なやり方には興味がなく、正当なやり方で社会に貢献して資産を増やすことをめざす。金持ちになる男はこの戦略で目標に集中し、猛烈な勢いで前進する。

貧乏になる男は金持ちをあざけり、自分が拝金主義に染まっていないことを誇りに思いつつ、借金地獄に陥って将来への希望をもてずに苦しんでいる。一方、金持ちになる男はお金に対して懐疑的な見方をする人びとを無視し、経済的自立と資産形成の道を歩みつづける。

富は人間の思考の所産である。

アイン・ランド（アメリカの哲学者）

金持ちになるためのアドバイス

自分の資産形成の戦略を見直し、稼ぐ能力を最大限に発揮しよう。

12

貧乏になる男は「高い学位」が資産形成につながると考え、金持ちになる男は「実用的知識」が資産形成につながると考える

金持ちになる男も学校教育は重要だと考えているが、それが資産形成につながるとはあまり考えていない。実際、金持ちの多くは高学歴ではなく、学校の外で実用的知識を身につけて活用することで財産を築いている。

学校教育は社会で生きていくための基本的な知識を教えるが、それは時間をお金と交換する方法であり、資産形成に役立つことはめったにない。

金持ちになる男は創造的思考を得意とする。彼らの思考に限界はなく、解決できそうにない問題をみごとに解決する。**創造的思考の世界では1＋1は2ではなく、何でもありだ。金持ちになる男は自分の頭脳と他人の頭脳を寄せ合わせ、誰もが驚く創造的な解決策を考えつくことができる。**

一方、貧乏になる男は修士号や博士号を取得することが資産形成の方法だと思い込んでいる。しかし、それは従来の思考パターンに呪縛《じゅばく》されている証しである。金持ちになる男の最大の秘密のひとつは、知識ではなく感性に頼るので問題解決のための発想が豊かなことだ。

貧乏になる男が単純な問題を複雑にするのに対し、金持ちになる男は複雑な問題を単純にする。彼らは問題を初歩的レベルにまで引き下げることで、頭の固い学者が思いもよらない画期的な解決策を発見する。

金持ちになる男は手段には興味がない。興味があるのは結果だけだ。彼らは問題を解決して報酬を得るプロセスを何度もくり返して財産を築く。彼らのたゆまぬ努力はいずれ実を結ぶが、世間の人はそれを幸運と呼ぶ。

金持ちになるためのアドバイス

自分を磨くために学習に徹しよう！　資産形成に役立つ本を読み、ＣＤを聴き、セミナーに参加しよう。

13

貧乏になる男は「労働」でお金が得られると考え、金持ちになる男は「思考」で大金が稼げると考える

貧乏になる男は、身を粉にして働けばお金を稼げると考えている。労働と努力が経済的成功に結びつくと信じているのだ。しかし、それこそが金持ちになれない原因である。彼らは**見当違いの考え方にしがみつき、中年になったときにそれまでの約二十年間の労働に見合うお金がほとんど残っていないことに困惑する。**

一方、金持ちになる男は創造的思考がこの世でもっとも儲《もう》かる技術だと考えている。創造的思考は、誰でも身につけることのできるもっとも重要な思考法なのだ。

貧乏になる男は、子どもを大学に進学させて自分は引退し、現在の少ない生活費の半分で暮らしていく方法を考えながら日々を送る。一方、金持ちになる男は創造的思考によって財産を築いて豊かな暮らしをし、慈善事業に莫大な寄付をする。

ほとんどの人は子どものころに「学校でしっかり勉強していい成績を収め、いい大学に行けば、成功が保障される」と教え込まれる。しかし、このやり方で金持ちになる人はわずかしかいない。大学を出ても何とかやっていくのが精いっぱいで、兄弟のなかで出世頭になるのが関の山だ。

金持ちになる男は、創造的思考によって難問を解決することが財産を築く秘訣《ひけつ》であることを知っている。すばらしいことに、考え方を変えて行動を起こせば、資産形成は誰にでもできるのだ。

莫大な富の源泉は、我々の頭脳であり、精神であり、未来への希望である。
スティーブ・フォーブス（アメリカの実業家、経済誌『フォーブス』の発行人）

金持ちになるためのアドバイス
自分の究極のビジョンに近づくテーマを研究するために、毎日少なくとも一時間を投資しよう。

14

貧乏になる男は「お金がなくなること」をたえず心配し、金持ちになる男は「もっとお金を稼ぐ方法」をつねに考える

貧乏になる男は金持ちになる男より多くの時間を割いてお金について考えている。問題は、彼らがお金の心配ばかりして過ごし、「失業や病気、事故、その他の不運でお金がなくなったらどうしよう」といつもびくついていることだ。

こうした心配の大半は時間の無駄である。そのために心身が大きな悪影響をこうむることは言うまでもない。恐怖におびえて暮らしているかぎり、豊かな人生を送ることはできない。貧しさのなかで四苦八苦するだけだ。

金持ちになる男は解決すべき問題を見つけ、その解決策に意識を集中して時間の大半を過ごす。お金が解決策に向かうことを知っているから、創造的に考えることにエネルギーを使う。解決策がなかなか見つかっていないからといって、それが存在しないということにはならない。

金持ちになる男はそれをよく知っている。こうしたポジティブな意識に恐怖は寄りつかない。創造的に考えることは最高の思考形態であり、文明が進歩した最大の要因である。人びとの生活を向上させるモノやサービスは創造的思考から生まれる。だから、**金持ちが大金を稼ぐ方法について考えているとき、実際に彼らが考えているのはお金そのものではなく、問題解決の創造的な方法である。**

金持ちはお金に執着しているとよく批判されるが、実際にお金のことばかり考えているのは貧乏人だ。もし彼らがお金に対するマイナスの信念を捨てて、画期的なアイデアを思いつくことに労力を注げば、経済的な豊かさを手に入れることができる。お金はすばらしいアイデアに向かうが、その秘訣は創造的思考を全開にすることだ。

お金がアイデアを生むのではなく、アイデアがお金を生むのである。

ウィリアム・キャメロン（アメリカの映画監督）

金持ちになるためのアドバイス

もし解決したら大金を稼げる問題を自分の業界のなかで見つけよう。

15

貧乏になる男は「支出」について心配し、金持ちになる男は「投資」について考える

貧乏になる男は収入を超えた生活をしがちである。浪費家というわけではないが、収入がとても少ないので、それなりの暮らしをするためにあり金を使い果たさざるをえないのだ。彼らにとってさらに不満なのは、ファイナンシャルアドバイザーに「もっと支出を切り詰めなさい」といつも注意されることだ。これは健全なアドバイスだが、凡人の発想である。

金持ちになる男は、心配せずによい生活を楽しむために、収入を大きく増やして財産を築くことを考える。この方法なら金持ちの仲間入りをして、残ったお金を株や債券、不動産、美術品などに投資することができる。

金持ちがますます金持ちになるのは、世の中には「解決すべき問題」という形で豊かさの種があふれているのを知っているからだ。自由市場経済の下では、解決策と引き換えに金持ちに

なることができる。**解決する問題が大きければ大きいほど、世の中は大金を用意してくれる。**アイデアで恩恵を受ける人が多ければ多いほど、大金を得ることができるからだ。投資するお金が多ければ多いほど、眠っている間でも利益を得ることができる。こうして金持ちはますます豊かになる。

金持ちは、資産を活用して一日二十四時間たえずお金を稼ぐ方法を知っている。といっても全財産を投資しているわけではない。手持ち資金がふんだんにあるので、投資に回すお金がたくさん残っているだけだ。支出の心配に意識を向けるより、もっと稼いでその一部を投資し、残りをいつでも使えるようにすることに意識を向けるべきである。

老人は若者に「貯金しろ」とばかり助言するが、それは悪いアドバイスだ。小銭なんか貯めようとせずに、自分に大きく投資したほうがいい。

（ヘンリー・フォード（アメリカの実業家、フォード・モーターの創業者）

金持ちになるためのアドバイス

これからの二年から五年で収入を倍増させよう。方法はまだわからなくてもいい。とにかくその決意をすることが第一歩だ。

16

貧乏になる男は
お金を「感情的」にとらえ、
金持ちになる男は
お金を「論理的」にとらえる

ほとんどの人はお金に対するマイナスの信念のためにあまり稼ぐことができない。その信念に力を与えているのがネガティブな感情である。

貧乏になる男が大人になるころには、お金に関するマイナスの信念をたたき込まれて洗脳されているため、経済的に苦しい一生をほぼ確実に送ることになる。子どもも大人もお金に関するネガティブなメッセージを何度も聞かされ、それがマイナスの信念となって行動を規定するのだ。周囲の人は善意でアドバイスをしているのだが、そのために本人は生涯にわたってお金で苦労するはめになる。

お金に対してマイナスの信念をもつ人が、プラスの信念を教えることはできない。言い換えると、あくせくしている人がゆとりのある生活を送る方法を教えることはできないということだ。要するに、貧乏人は金持ちになる方法を教えることができないのである。論理的に考えると、それはあまりにも明らかだ。

ネガティブな感情を交えずにお金について考えることができる人はわずかしかない。お金に関するかぎり、貧乏になる男はネガティブな感情で凝り固まっているからだ。教育を受けた知的で分別のある人でも、お金のこととなるとたちまち恐怖と欠乏におびえる。

一方、金持ちになる男はお金について論理的に考え、明晰《めいせき》に物事をとらえる。お金が自由と機会をもたらす有益な道具であることを知っている。**お金は幸せとはほとんど関係ないが、人生というゲームのなかでもっとも重要な道具のひとつであることを理解している。**心理的制約がないので、潜在能力を存分に発揮して大金を稼ぐ。お金について考えるときは、ネガティブな感情を交えずに論理的に考えることができる。

金持ちになるためのアドバイス

お金の戦略を練るときは論理を駆使し、ポジティブな感情でモチベーションを高めて実行していこう。

17 貧乏になる男は「快楽」を追求し、金持ちになる男は「利益」を追求する

貧乏になる男はさまざまな娯楽に膨大な時間を費やしている。必要な努力をなるべく避けて快楽の追求を優先している証しだ。一般大衆がもっとも求めているのは娯楽であり、優秀なマーケッターがそれを提供するとき、たちまち巨大産業が生まれる。

一方、**金持ちになる男はお金を稼ぐことに意識の大半を集中し、そのための活動を楽しむ。**たとえば、不動産への情熱を不動産投資に、絵画への情熱を美術品投資に、数字への情熱を株式の売買に注ぐといったぐあいだ。このように金持ちになる男は趣味を生かしてお金を稼ぐ。つまり、趣味と実益を兼ねているのだ。彼らは時間と労力にレバレッジをかけることが成功の秘訣のひとつであることを熟知し、それを大いに活用する。

貧乏になる男は大リーグの選手とチームのデータを覚えて楽しむ。一方、金持ちになる男は

それと同じ時間と労力を使って利益を上げるアイデアを生み出す。貧乏になる男からすると、金持ちになる男はいつも働いているように見えるが、大好きなことをして利益を追求しているだけだ。金持ちになる男はいつも、「お金をもっていることの最大の利点は、したくないことをしなくてすむことだ」と言う。そしてそれにはお金を稼ぐ方法も含まれる。

主な違いは、大好きなことをして稼ぐか、大好きなことをするために嫌いな仕事をして稼ぐか、ということだ。**私が長年にわたって話を聞いた金持ちの大半は、「大好きなことをするまでは、たくさん稼ぐことができなかった」と言う。**

大好きなことをするとき、人は一日中ずっとそれについて考える。それだけの時間と労力をひとつのことに集中すれば、それが何であれ、やがて大成功することは間違いない。

富はエネルギーとアイデアから生まれる。

ウィリアム・フェザー（アメリカの出版社社長、作家）

金持ちになるためのアドバイス

あなたの大好きなことをして生計を立てている人を見つけて調査してみよう。

18

貧乏になる男は
お金を「有限」の資源と考え、
金持ちになる男は
お金を「無限」の資源と考える

貧乏になる男はお金が有限だと思い込んでいるために、自分の取り分を他人に奪われないように躍起になる。彼らは恐怖と欠乏におびえ、「お金を稼ぐのは難しく、貯めるのはさらに難しい」と考えている。長年にわたるそうしたマイナスの信念のために、わずかな財産を築くのが精いっぱいだ。

一方、金持ちになる男はそれと対極をなす。彼らのほとんどは子どものころに貧乏になる男と同じように洗脳されて育ったが、成長の過程でマイナスの信念を捨ててお金との健全な関係を築く。**金持ちになる男はお金がアイデアから生まれることを理解し、アイデアは無限にあるから稼げるお金も無限にあると考える。**

貧乏になる男はなるべく多くの「賃金」を得ることに意識を向ける。一方、金持ちになる男は莫大な富を生み出す新しい「アイデア」に意識を向ける。彼らは情熱をかき立てて夢を実現するのにお金を使う。彼らが求めているのはお金そのものではなく、思いどおりに生きる自由なライフスタイルだ。

貧乏になる男はいつも金持ちを浅ましい拝金主義者だと批判する。たしかに金持ちのなかにはそういう人もいて、金儲けのためなら邪魔者を容赦なくたたきのめす。しかし、**金持ちの大多数はそうではない。彼らはたいへん慈悲深く、慈善団体や非営利団体の運営資金の大半を提供し、恵まれない人びとのために尽力している。彼らが惜しみなく与えるのは、稼げるお金が無限にあることを知っているからだ。**お金がもっと必要になれば、お金をもっと稼ぐために心の力を活用する。彼らはそうやって豊かな生活を実現する。彼らにできるなら、あなたにできないはずはない。

金持ちになるためのアドバイス

お金について抱いている信念を列挙し、その真偽を検証しよう。

第3章

自分には稼げないと思い込んでいないか？

創造的な思考で財産を築いて豊かな生活を送る人は、大勢の人に豊かさへの道を示して夢と希望を与える。

——ウォレス・ワトルズ（アメリカの作家）

19

貧乏になる男は「嫌いなこと」をしてお金を稼ぎ、金持ちになる男は「大好きなこと」をして財産を築く

貧乏になる男は辛抱できる仕事を見つけ、定年退職の日を夢見ながら何年もその仕事にしがみつく。たしかに副業をもったり転職したりする人が増えたが、貧乏になる男の心の持ち方は以前とほとんど変わっていない。

ほとんどの人は好きでもない仕事にいやいや従事しながら、クビになるのを恐れている。その理由は愚かだからではない。生活費が必要であり、汗水たらして働けばお金を稼ぐことができると学校で教えられ、周囲の人からもそのように言われたからだ。

金持ちになる男はその思い込みから抜け出して、その気になれば何でもできると考えている。その例が「情熱こそが金持ちになる本当の秘訣《ひけつ》だ」という考え方だ。これは情熱と努力に関する原因と結果の法則なのだが、貧乏になる男が情熱を結果とみなすのに対し、金持ちになる男

は情熱を原因とみなす。つまり、貧乏になる男は毎日仕事に出かけて、自分の努力のなかに情熱が見つかることを期待するのに対し、金持ちになる男は毎日仕事に出かけて、自分のしていることに情熱を感じ、その情熱が努力を引き出すということである。

これは言葉遊びではなく、財産を築く原動力となる重要な考え方だ。金持ちの哲学は「大好きなことをすれば、お金はあとからついてくる」である。それを貧乏人に伝授しようとする試みはこれまで何度もなされてきたし、そういう本がたくさん出版されてきた。しかし残念ながら、その哲学を実践する人はわずかしかいない。貧乏人は長年にわたる恐怖と欠乏に根ざした信念をたえず強化しているので、彼らのほとんどが金持ちの仲間入りを果たせずにいる。

それは紛れもない現実だが、あなたとは関係がない。子どものころに周囲の人からマイナスの信念を教え込まれたとしても、それは排除できるからだ。**好きなことをして財産を築くことができるという信念をもちさえすれば、これから何でもすることができる。**

金持ちになるためのアドバイス

大好きなことをしてすばらしいライフスタイルを楽しんでいる人を何人か見つけて、その秘訣を聞いてみよう。

20 貧乏になる男は金持ちが「冷酷だ」と考え、金持ちになる男は金持ちが「寛容だ」と考える

貧乏になる男は金持ちが冷酷で自己中心的だと考え、慈善団体に寄付するのは税金対策だと思い込んでいる。

たしかに寄付によって優遇税制が適用されることもあるが、金持ちの大半は恵まれない人びとに施すのが好きだから寄付をする。たくさんのお金を寄付しても、いくらでも稼げるというのが彼らの信念だ。

金持ちは貧乏人が生涯に払うより多くの税金を一年で払う。**貧乏人はいつも金持ちを批判するが、金持ちがいなければ税収が極端に落ち込み、政府も社会も存続できなくなる。**

金持ちは冷酷だろうか？

もちろんそういう人もいるが、金持ちの多くは愛と豊かさにあふれ、それが寛容の精神につ

ながっているのだ。

そんなわけで**金持ちになる男は寛容の精神を実践し、もっと金持ちになりたいと考え、実際に莫大《ばくだい》な財産を築く。一方、貧乏人は金持ちを侮蔑《ぶべつ》し、金持ちになろうとしない。**一部の人はこの現象を当然の報いだと考えている。

お金は寛容の精神をもつ自由な人々のためにつくられた。

ジョン・レイ（イギリスの博物学者）

金持ちになるためのアドバイス

自力で財産を築いた人たちの伝記を読んで、彼らの価値観を調べてみよう。

21
貧乏になる男は「宝くじ」に期待を寄せ、金持ちになる男は積極的に「行動」を起こす

貧乏になる男が宝くじを好むのは、金持ちになるかどうかは運で決まると心の奥底で思っているからだ。彼らに関するかぎり、それは真実かもしれない。**貧乏になる男は無能なのではなく、自分の能力を信じていないのだ。**残念なことに、お金に対するこうしたマイナスの信念が、彼らの経済的成功を阻んでいる。

貧乏になる男はお金に関して自滅的な運命をたどる。「ずるい人と幸運な人だけが金持ちになる」という子どものころに教わった考え方から抜け出さないかぎり、経済的困窮はいつまでもついて回る。

一方、金持ちになる男はお金に対してプラスの信念をもち、それが日々の行動につながって経済的成功の基盤になる。彼らは積極的に行動を起こすことが金持ちになる方法だと考えてい

るのだ。

階層間の違いは表面的には単純に見えるが、よく調べると意外な事実が見えてくる。多くの人は、貧乏人は金持ちになりたいという願望をもっていないから必要な行動を起こさないと思っているが、それは違う。本当は彼らも金持ちになりたいという願望をもっている。ただ、その願望に火をつける「信念」が足りないのだ。

信念が行動を規定し、行動が結果を規定する。貧乏になる男はそれを理解せず、金持ちになる男はそれを理解している。

金持ちになりたいなら、お金に対する自分の信念を分析し、マイナスの信念をプラスの信念と取り換える必要がある。いったん信念を修正すれば、結果はあとからついてくる。

多くのお金を必要とするとき、金持ちはお金が手に入るかどうかを考えるのではなく、問題解決のための新しいアイデアを生み出し、大金を稼ぐ。これがどんなに効果的かわかるだろうか。あなたも同じことをすれば、同じ結果を得ることができる。

金持ちになるためのアドバイス

願望をかき立てるために、五年後にどんな人生を送りたいかを書き出してみよう。

22

貧乏になる男は誰かに「助けてもらおう」と考え、金持ちになる男は自分で「物事を解決しよう」と考える

貧乏になる男は、誰かが自分を助けて願いをかなえてくれるのを待っている。彼らが待望している救世主は神様、政府、政治家、配偶者である。しかし、そうやって手をこまねいている間にも時間はどんどん過ぎていく。

貧乏人が死の床について必ず後悔するのは、「思いきって自分の好きなことをすればよかった」ということである。あなたにとって最大のリスクは、何もせずに願いがかなうのを期待することだ。

一方、金持ちになる男は「誰も助けに来てくれない」と考え、しかもそれを喜んでいる。彼らは「本当に楽しいのは、目標の達成そのものではなく、目標を達成する過程で自分がどういう人間になっていくかを確認することだ」と言う。

私は長年にわたって多くの人と会って話を聞いたが、そのなかでもっとも幸せに暮らしていたのは金持ちである。**しかし、金持ちが幸せなのはお金があるからではない。彼らにとって幸せとは、「誰かが助けに来てくれるのを待たずに自分で目標を設定し、ひたむきに努力してゲームに勝つこと」なのだ。お金はそのための目安にすぎない。**

お金は生活を快適にしてくれるが、幸せを買えるわけではない。お金がないから幸せではないというのなら、お金があっても幸せになれない。お金と幸せはどちらも重要だが、相関関係はあまりない。

凡人は「夢をもつのはバカげている」「あいつが成功したのは幸運だからだ」「財産を築いたのは欲深いからだ」などと言うが、そんな意見は無視すべきだ。彼らはまったく何もわかっていない。

ロバート・アレン（アメリカの実業家、講演家）

金持ちになるためのアドバイス

受け身の姿勢で待つのではなく、経済的自由を手に入れるための日々の行動計画を立てよう。

23

貧乏になる男は金持ちが「知能が高い」と考え、金持ちになる男は金持ちが「したたかだ」と考える

人間の知能はもっとも誤解されがちなテーマのひとつである。かつて一部の学者たちが知能は数値で測定できるという認識で合意したために、多くの人が子どものころに学校で知能テストを受けさせられた。しかし、このテストが実際に計測できるのは情報を記憶して処理する能力であり、その大半は今ではインターネットを使えば数秒でできてしまう。

人間の脳はどんな筆記テストで測定するよりはるかに複雑である。知能は論理的な才能と感情的な才能が生み出すものであり、数値化するのは至難のわざだ。**私たちが問うべきことは「自分はどんなにすぐれているか」ではなく、「自分はどんな点ですぐれているか」である。**

一部の人は事実と数字の暗記に長《た》け、教室の中で活躍する。他の人は高い運動能力をもち、スポーツを得意とする。別の人は他人の気持ちを察する才能があり、良好な人間関係を構築す

るのが上手だ。さらに、金儲《かねもう》けの能力を発揮する人たちもいる。生来の才能に恵まれている場合もあるが、彼らの多くは他の金持ちの信念、哲学、行動をまねることによって金儲けの能力を身につけている。

要するに、金持ちが金儲けを得意とするのは知能が高いからではなく、一定の行動計画にしたがってしたたかに振る舞うからである。

金持ちになる秘訣は、財産を築いた人を観察し、お金についてどんな信念をもっているかを学ぶことだ。金持ちのように考える方法を教えることができるのは金持ちだけである。もし知能が高いことが財産を築く秘訣なら、大学を優秀な成績で卒業した人はみな金持ちになるはずだが、現実にはそうはなっていない。財産を築くことは、記憶力に頼って高得点をとる能力よりも、実社会でしたたかに生きる能力によるのである。

財産を生み出すのは知能の問題ではなく、ひらめきの問題である。

ジム・ローン（アメリカの起業家、コンサルタント）

金持ちになるためのアドバイス

億万長者を見つけて、お金の指導をしてもらおう。

24

貧乏になる男は
お金に「支配されている」と考え、
金持ちになる男は
お金が「自由にしてくれる」と考える

貧乏になる男は、「お金が人生を支配し、できることとできないことを規定する」と考えている。

私たちは子どものころに教師や進路相談カウンセラーから「得意なことをしてお金を稼げ」とか、「大学で経済や経営を勉強すれば食べていける」と指導された。もちろん善意でそのようにアドバイスしてくれたのだが、結果的に多くの人がお金に支配される生き方を余儀なくする信念を植えつけられたのである。

一方、**金持ちになる男はお金を主人ではなく下僕とみなし、自分でお金を支配し、お金によって選択を規定されるのを拒否する。つまり、彼らはお金を解放者とみなしているのだ。**お金は安心と機会のために貯めるもので、恐怖や崇拝の対象として扱うべきではないというのが彼らの考え方である。

金持ちは「得意なこと」ではなく「大好きなこと」を仕事に選ぶ。愛情と豊かさにあふれた意識で働き、目標に向かって前進する。彼らが金持ちになるのは、貧乏人が教えられたのとは違う考え方をするからだ。

すばらしいことに、金持ちの考え方を学んで実行に移せば、誰もが金持ちになれる。しかし、貧乏人はそれに気づいていない。幸い、あなたは今、それに気づいた。重要なのは、これからどういう行動を起こすかである。

> お金は自由の象徴である。お金を呪《のろ》うことは自由を呪うことであり、ひいては人生そのものを呪うことになる。なぜなら、自由でなければ人生には何の価値もないからだ。
>
> レミ・ド・グールモン（フランスの詩人）

金持ちになるためのアドバイス

意識は人から人へと伝染する。だから、お金についてマイナスの信念をもっている人とつきあう時間をできるだけ減らそう。

25

貧乏になる男は
お金が人の「性格を変える」と考え、
金持ちになる男は
お金が人の「本性をあらわにする」と考える

世間の常識とは裏腹に、お金は堕落の原因にはならない。貧乏になる男は、成功して金持ちになると堕落して強欲で無慈悲な圧制者に変身すると思い込んでいる。これもまた、彼らが金持ちになるのを妨げているマイナスの信念のひとつだ。さらに、お金で苦労しながらも、清く正しく生きていると主張する人たちの言い訳としても使われている。

金持ちになる男は、お金がその人の本性をあらわにすることを知っている。もともと悪人だったなら、金持ちになるとますます悪人になる。もともと正直で謙虚な努力家だったなら、金持ちになっても正直で謙虚に努力する。要するに、お金をもつと、よくも悪くもその人の本性があらわになるだけなのだ。

貧乏になる男は何かにつけてお金のせいにするのが好きで、二言目には「お金は人間を堕落させる」などと言う。それによって、自分が金持ちになれないことを正当化しているのだ。しかし、そういうマイナスの信念のために、ますますお金がなくて苦労するはめになる。

お金は人間の本性をあらわにする。もともと善良でない人なら、お金をもつとますます厄介者になる。しかし、もともと善良な人なら、お金をもつとさらに善人になる。

ボブ・プロクター（アメリカの講演家）

金持ちになるためのアドバイス

自分の長所を十個列挙しよう。金持ちになったらそれにもっと磨きがかかるはずだ。

26

貧乏になる男は「お金」を得るために働き、金持ちになる男は「充実感」を得るために働く

長い間、貧乏人は職業とお金の関係について間違ったことを教えられてきた。「生計を立てるには長時間労働をし、働く機会を与えられていることに感謝すべきだ」という考え方だ。それが最善の選択肢だった時代なら別だが、これは財産を築くうえで間違った考え方であるばかりか、人生全般にとってひどい指針でもある。

金持ちになる男は、お金を得るために働くことが資産形成の最悪の方法だと考えている。彼らは自己分析によって自分が本当に大好きなことを発見し、それを独自の才能や能力と組み合わせる。一生懸命に働いているように見えるが、本人は働いているという感覚をもっていない。大好きなことをしているだけなのだ。

私の尊敬する偉大な講演者ビル・ゴーブが生前に世界中で説いていた知恵のひとつに、「大

好きなことをしているなら、あなたに必要な唯一の報酬は、それをするということだ」というのがある。逆説めくが、この知恵のすばらしさは、大好きなことをして、しかもそれがうまくできるなら、世の中は喜んで報酬を支払ってくれるということだ。

職業を選択するときは、どの仕事がもっとも稼げるかという視点ではなく、どの仕事が自分にもっとも充実感を与えてくれるかという視点で考えるべきだ。それが見つかったら、その分野の第一人者になるために全身全霊を傾けよう。

貧乏になる男は恐怖と欠乏におびえながら「生き残る」ことをめざし、金持ちになる男は愛と豊かさにあふれて「夢を実現する」ことをめざす。あなたはどちらのグループに入るだろうか？

朝起きてから夜寝るまで自分がしたいことをしているのなら、その人は成功者だ。

ボブ・ディラン（アメリカの歌手）

金持ちになるためのアドバイス

仕事であまり充実感を得ていないなら、「これから一、二年の間に自分が本当に大好きなことをする」という目標を立てよう。

27

貧乏になる男は「すぐに金持ちになりたい」と考え、金持ちになる男は「金持ちにふさわしい人物になろう」と考える

多くの成功者は、金持ちになるには自分が何をするかではなく、自分がまず成長しなければならないと考える。労働そのものよりも、その根底にある考え方が財産を築く原動力になるということである。

だから、不動産王のドナルド・トランプのような人たちは億万長者になってから莫大な借金をつくり、そこから這《は》い上がって以前よりもはるかに金持ちになることができるのだ。

貧乏になる男は金持ちになるのは幸運や才能が必要だと考えるが、その要因はもっと基本的なことにあるという事実を多くの研究が明らかにしている。それは考え方である。金持ちになる男は自分が金持ちになれるという信念をもっているのだ。

つまり、**自分には金持ちになる権利があると考え、どんなに失敗しても最終的には勝利を収**

めることができると確信しているのである。

この自己達成的な予言はめったにはずれない。なぜなら、それは信念にもとづく行動につながるからだ。

貧乏になる男は何かをして「すぐに」金持ちになろうとする。一方、金持ちになる男は成功も失敗もすべて含めてあらゆる経験から学んで成長し、成功を収めるのにふさわしい人間になろうとする。これはすばらしい戦略だ。なぜなら、**市場の動向や偶然などの外部要因に頼るのではなく、自分が成功に値する人物になることをめざしているからである。**

金持ちになるためのアドバイス

夢や目標を達成するにはどんな人物になる必要があるかを考え、そういう人物になる努力をしよう。

28
貧乏になる男はお金に関して「安全策」をとり、金持ちになる男は周到に計算して「リスク」をとる

貧乏になる男は恐怖におびえて行動するから、お金についてとても用心深くなる。彼らが抱いている恐怖とは、「いったんお金を失うと取り戻せない」というものだ。

金持ちになる男はお金を使ってさらに多くのお金を引き寄せる。この戦略のリスクを考慮し、大きな利益を得る半面、途中で損失をこうむることを覚悟している。**どの投資家も時折損失をこうむるが、金持ちになる男は逆境を乗り越えて稼ぐことができると確信している。**経験を積んで賢くなり、ハイリスクの取引で失ったお金を取り戻す。リスクに伴う危険を理解しつつ、資産を増やして豊かなライフスタイルを実現するための機会を探し求め、機関車のように力強く前進する。

貧乏になる男にとっては「安全」が、金持ちになる男にとっては「レバレッジ」がモットー

である。前者はお金を失うことを心配して夜も眠ることができず、後者は可能性を夢見ながらぐっすり眠る。

金持ちになる男は科学者のように投資について研究し、貧乏になる男が見落としていることに目をつける。それが「よい投資」と「悪い投資」の違いを生む。

貧乏になる男は奴隷のように働いて退社時間を待ちわび、週末のレジャーを楽しみにする。一方、金持ちになる男はアイデアと人材を活用し、お金を投資してさらに資産を増やす。

セーフティーネットの外で冒険する機会は毎日のように訪れる。安全策をとるほうがはるかにたやすいが、資産を増やすには時にはリスクをとらなければならない。その戦略が功を奏すれば、莫大な報酬を手にすることができる。

ドナルド・トランプ（アメリカの実業家、不動産王）

金持ちになるためのアドバイス

周到に計算してリスクをとり、新しいベンチャーや投資、共同事業に挑戦しよう。自分の判断を信頼すれば、ますます自信がわいてくる。

29
貧乏になる男は大金を稼ぐには「手持ち資金」が必要と考え、金持ちになる男は「アイデア」に出資してもらうことを考える

ほとんどの人は短絡思考にもとづいて行動する。その例がお金の稼ぎ方だ。より長時間働けば、より多く稼げるというのがそうだが、お金を稼ぐうえでもっとも非効率な方法であり、ほとんどの人が金持ちになれない一因である。

金持ちになる男は短絡思考を拒否する。お金の稼ぎ方についてもそうだ。その例が、すばらしいアイデアを思いつき、他人のお金を活用してそれを実現する方法である。

貧乏になる男がひんぱんに発する言葉は、「したいのだが、資金がない」である。一方、金持ちになる男は、資金があるかどうかは関係ないと考える。**本当に重要な問いは、「それは投資する価値があるか？」ということだ。**金持ちになる男は、投資する価値があることなら、必要なお金は必ず集まると確信している。なぜなら、世の中の金持ちは価値のある投資先をつね

に探し求め、出資することで儲ける機会をたえずうかがっているからだ。

野心家は資本金として一万ドルより十万ドルを借りるほうが簡単だということを知っている。貪欲《どんよく》な狩人《かりゅうど》が大きな獲物を狙《ねら》うのと同じように、野心的な投資家は大きな金額とワクワクする取引を好むものだ。

貧乏になる男は「お金を儲けるには手持ち資金がなければならない」と言うが、その発想はネガティブである。お金を儲けるには、問題を解決するアイデアがあればいいのだ。すばらしいアイデアがあれば、磁石のようにお金を引き寄せることができる。

お金は交換の道具にすぎないのに、ほとんどの人はお金が手元にあるかどうかに意識を向け、アイデアの重要性を軽視している。しかし、お金を引き寄せるのはアイデアなのだ。

わずかな人が世界の富の大半を独占している理由がこれでわかっただろう。あなたは自分が彼らの仲間入りをする可能性があることに気づいただろうか？

金持ちになるためのアドバイス

ビジネスを繁栄させる十個のアイデアを紙に書き、そのなかで投資家を募る価値のあるアイデアを選ぼう。

30

貧乏になる男は「就職」しないとお金を稼げないと考え、金持ちになる男は「卓越した働き」をすればお金は稼げると考える

貧乏になる男は「学歴を身につければ、よい就職先が見つかる」と思い込んでいる。自主独立の精神を重んじる国で、これはたいへん不思議な考え方だ。

会社の中で時間どおり働き、業績をあげて財産を築く人もたしかにいるが、ほとんどの人にとって、これはもっとも安全そうで、じつはもっとも非効率な資産形成法だ。

信じがたいかもしれないが、会社に勤めることは事業を起こすことと比べて安全というわけではない。独立すれば自由に事業を選んで収入を増やす方法を見つけることができる。労働時間も思いのままだし、いつでも方向転換することができる。経営陣の気まぐれや社内政治とも無縁だ。

貧乏になる男は雇用の安定にひかれるが、金持ちになる男は自分の働きだけが安定をもたら

すことを知っている。経済的成功を左右するのは、自分がどれだけ質の高いモノやサービスを提供し、どれだけ多くの顧客を確保できるかということだ。

金持ちになる男は自由市場経済の下では安定は存在しないことを知っている。大企業に就職したところで、あまり働かない者たちが繰り広げる労働闘争や人事の駆け引きが企業の競争力をそいでしまう。

貧乏になる男は会社に守られていると思い込んで努力を怠りがちだ。たしかに会社で働いて金持ちになる人もいるが、その割合は小さい。財産を築くもっとも効率的な方法は、独立して働き、自分で給料の額を決めることだ。ところが、貧乏になる男は安定という幻想にしがみついて積極的に行動しないために、なかなか財産を築くことができない。

機会より安定を求める人が多いが、それは死ぬことより生きることを恐れるようなものだ。
ジェームズ・バーンズ（アメリカの政治家）

金持ちになるためのアドバイス

安定という幻想にしがみついて大金を稼ぐ機会を逃していないだろうか。リスクを検証すれば、事業を起こすことは意外とリスクが小さいことに気づくかもしれない。

31

貧乏になる男は
お金が世の中に「不足している」と考え、
金持ちになる男は
お金が世の中に「いくらでもある」と考える

私たちは子どものころ、「金のなる木はない」という格言を聞かされて育った。貧乏になる男はそれがもとでお金が有限だと思い込んでいる。

一方、金持ちになる男は世の中にはお金が無限にあると考えている。実際、「金のなる木」はいくらでもある。「金のなる木」とはアイデアのことだ。人びとの生活には問題がついて回り、創造的なアイデアによって解決する必要が生じる。だから、多くの問題を解決する人ほど金持ちになるというわけだ。

貧乏になる男は「お金は世の中に不足しているから、稼ぐのは困難だ」というマイナスの信念のもとに行動する。一方、金持ちになる男は「お金は世の中にいくらでもあるから、アイデアによって問題を解決すれば、お金は容易に稼げる」というプラスの信念をもとに行動する。

貧乏になる男は「お金を貯め込んで、死ぬまで貯金がもつことを祈れ」と教え込まれている。これは世代を超えて伝承されてきた教えだが、そのために貧乏になる男は恐怖と欠乏におびえながら生きることを余儀なくされている。金持ちになる男からすると愚かな考え方だが、恐怖に支配されている貧乏人にとっては「安全」と「安定」が最優先課題なのだ。こんな考え方で財産を築ける見込みはまずなく、たいていの場合、墓穴を掘っている。

貧乏になる男は金持ちになることが主に外的要因によるものと考え、金持ちになる男はそれが内的要因によるものと考える。恐怖と欠乏におびえながら行動して金持ちになる人はほとんどいない。たとえ金持ちになっても、得たものを失うことをたえず恐れることになる。

幸い、愛と豊かさにあふれた考え方を取り入れれば、その傾向を覆すことができる。お金は問題解決のアイデアに向かい、アイデアは無限にあるのだから、お金も無限にある。この考え方を意識に定着させて行動すれば、夢のような繁栄を実現することができる。

金持ちになるためのアドバイス

望むだけのお金を稼ぐ能力が自分にあると確信できないなら、その理由を探ってみよう。

32

貧乏になる男は
お金を「武器」だと考え、
金持ちになる男は
お金を「道具」だと考える

貧乏になる男のマイナスの信念をもうひとつあげると、「お金は人びとを支配し操作するために使われている」というのがそうだ。たしかにそれが真実であることを証明する根拠はたくさんある。権力に関係するものと同様、お金が「武器」として使われることはよくあるからだ。たとえば、政治の世界ではお金が影響力を左右するし、マーケティングではお金でモノやサービスに対する需要をかき立てることができる。

このようにお金が乱用されがちなのは事実だが、それはお金そのものの問題というより、お金を使っている人間の問題だ。**お金はよいものでも悪いものでもなく中立的である。人びとを傷つける使われ方をすることもあれば、人びとを救う使われ方をすることもある。**つまり、お金は単なる道具なのだ。善良な人がお金をもてば、人びとの生活を向上させたり、自分と自分の家族のために無限の機会を創造したりするためにお金が使われる。

金持ちになる男はお金を無限の可能性を創造するのに不可欠な「道具」とみなすが、貧乏になる男はお金を悪魔のような「武器」とみなし、その重要性を否定する。こんな考え方をするかぎり、ほとんどの人が金持ちになれないのも当然だ。まるで「運動が悪だ」と自分に言い聞かせながら、健康のために体を動かそうとするようなものだからである。

ほとんどの人は人生というゲームで勝たないように自分に言い聞かせて自滅している。その結果、お金についてプラスの信念をもっている人が勝つ確率がさらに高くなる。これこそ、豊かな人がますます豊かになる理由である。

金持ちになるのに非凡な才能は必要ない。考え方を変えて行動を起こしさえすればいいのだ。貧乏人は金持ちになるには才能や運が必要だと思い込んでいるが、**「金持ちになれるという信念」と「積極果敢に挑戦する勇気」があれば、誰でも金持ちになることができる。**

金持ちになるためのアドバイス
金持ちになりたいと思う最大の理由を五つ列挙しよう。

33

貧乏になる男は
自分が金持ちになるに「値しない」と考え、
金持ちになる男は
自分が金持ちになるに「値する」と考える

貧乏になる男たちには、「最低限の生活条件を満たす以上に豊かにぜいたくに暮らす資格も権利も自分にはない」というマイナスの信念が蔓延《まんえん》している。「金持ちになるなんてとんでもない。自分のような人間がぜいたくな暮らしをするとは思い上がりもはなはだしい」と心の中でいつも自分をこき下ろしているのが実情だ。

一方、金持ちになる男は「自分には金持ちになるだけの価値がある。世の中の問題を解決して人びとの役に立っているのだから、財産を築くことができる」と考えている。彼らはそういうプラスの信念をもっているので、夢の実現に向かって着実に前進しつづける。**実際に金持ちになるに値するかどうかは関係ない。「自分は金持ちになるに値する」という信念をもつことが重要なのだ。**

飢えで苦しんでいる人が大勢いる世の中で自分たちが金持ちになる権利があるかどうかを、一部の知識人は真剣に議論する。しかし、金持ちはそんな議論には興味を示さず、自分は金持ちになるに値するというプラスの信念を貫いて繁栄への道を歩む。これこそが、一部の賢者が貧しい状態にとどまり、普通の知能の持ち主が財産を築く理由である。

自分は金持ちになるに値すると考えれば金持ちになり考えなければ貧乏になる。信念は現実になる。哲学者はこの問題を大昔から探求してきたし、今後もその探求は永遠に続くだろう。**達成したい目標にもとづいてプラスの信念を身につけよう。**金持ちになることを選択できるなら、うだつが上がらない人生に甘んじる必要はない。

人間はその能力を使って豊かさを手に入れるために生まれている。

ラルフ・ワルド・エマーソン（アメリカの思想家）

金持ちになるためのアドバイス

人びとの役に立つ仕事をして社会に貢献しているなら、豊かな生活を送る権利があると確信しよう。

34

貧乏になる男は お金の重要性を「否定」し、金持ちになる男は お金の重要性を「強調」する

貧乏になる男はお金の重要性を否定することに誇りをもち、それが名誉のように思い込んでいる。「お金には興味がない」と言うことによって拝金主義に毒されていないことを周囲の人に知ってもらえると考えているのだ。つまり、彼らがお金の重要性を否定するのは、自分が精神的にすぐれていることをアピールしようとしているからだが、その一方で、貧困への恐怖におびえながら暮らしている。まるで、空腹の人間が自分の気高さをアピールするために食べ物を拒否するようなものだ。

一方、**金持ちになる男は財産を築くことに意識を集中する。お金があれば選択肢と機会が増えることを知っているからだ。**たとえば、自分や愛する人が健康を損なったとき、お金で命を救えるかもしれない。

貧乏になる男は「お金で幸せを買うことはできない」と口癖のように言う。たしかにそれは事実だが、だからたくさんお金を稼ぐ必要はないと言わんばかりだ。**長年、多くの金持ちの話を聞いてきて、「お金が幸せの秘訣だ」と言うのを聞いたことがない。実際、彼らの多くは「お金と幸せはほとんど関係ない」と言っている。しかし、お金があれば快適に暮らせるし、可能性の扉を開いてチャンスが広がることは紛れもない事実である。**

もし貧乏人が心配に費やすのと同じ労力を資産形成に投資するなら、二度とお金の心配をする必要はなくなるだろう。金持ちは、金策に駆けずり回る苦労をしなくてもいいことを知っている。その結果、労力をさらに金持ちになることに傾け、そうやって得た資産の一部を恵まれない人びとに分け与える。

金持ちになるためのアドバイス

今日から、お金を人生の優先課題として掲げ、金持ちになることをめざそう。

第4章

自分を信じて努力しているか？

お金がすべてではないが、
酸素と同様、お金がないと生きていけない。
――リタ・ダベンポート（アメリカのコンサルタント）

35

貧乏になる男はお金が「敵」だと考え、金持ちになる男はお金が「味方」だと考える

貧乏になる男はお金と敵対関係にある。お金は世の中に少ししかないので、稼ぐのが難しく、維持するのはさらに難しいと教え込まれたからだ。彼らは子ども時代に影響力のある大人から、「汗水たらして働いて、お金をできるだけたくさん貯めなさい」と指導されて育っている。親や教師、コーチなどの権威者は、ほとんどが金持ちではなく、お金を必要悪とみなすように何度も力説した。

金持ちになる男も子ども時代に同じような経験をしているが、お金に対するより高いレベルの考え方を学んで意識を変えている。お金が敵ではなく味方だと悟ったのだ。**お金は、心配で夜も眠れない精神的苦痛を終わらせ、病気による肉体的苦痛を和らげ、時には命を救ってくれることすらある。**さらに、拝金主義に染まるのはお金が悪いからではなく、本人の心の持ち方

が悪いからだと学んだ。お金を強欲の原因として非難するのは、食べ物を肥満の原因として非難するのと同じくらい見当違いな考え方である。

金持ちになる男はお金を親友とみなし、自分を助けてくれる貴重な存在だと考えている。そして、そのプラスの信念がお金との健全な関係を強化する。

お金をたくさん手に入れれば入れるほど、お金をよりよく理解することができ、お金を使って善行を施すことができる。とくに慈善事業への寄付がそうだ。実際、お金を親友として扱う富裕層が寛容の精神を発揮しなければ、慈善団体は存続しない。

私は金持ちになったとき、「こんなに多くのお金で何をすべきか」と考えるようになり、恵まれない人びとに分け与えなければならないことを理解した。

テッド・ターナー（アメリカの実業家、CNN創業者）

金持ちになるためのアドバイス

お金が敵ではなく味方であることをたえず自分に言い聞かせよう。

36

貧乏になる男は誰かに「救出される」のを待ち、金持ちになる男は自分で「道を切り開く」

貧乏になる男はいつか誰かによって発見され、救出され、金持ちにしてもらえると心の中で思い込んでいる。まるで運動不足と食べすぎで肥満している人が、自分をスリムな健康体にしてくれる夢の新薬をじっと待ちわびるようなものだ。

貧乏になる男は誰かがもうすぐ助けに来てくれると信じているが、金持ちになる男は誰も救出に来てくれないことを知っている。充実した人生を送りたいなら、自分で道を切り開いて成功を勝ちとるしかないからだ。基本理念は「自助努力」と「自己責任」である。金持ちになる男は年をとってから政府や家族の世話になることを期待していない。誰かに何かをしてもらうのを待つのではなく、自分から積極的に何かをするのが彼らの特徴だ。

幸いなことに、努力すればするほど、支援してくれる人がたくさん現れる。自力で財産を築いた金持ちは、野心に燃えて成功をめざして頑張っている人に共感を覚え、正しい方向に進むための力になりたくなるからだ。自分が金持ちになる前に苦労していたころを思い出させる人に親近感を抱き、熱意と粘り強さに心を打たれ、支援の手を差し伸べたくなるのである。

財産を築く過程では、最初こそ自分で努力して道を切り開く必要があるが、それ以降は多くの成功者の助けを借りりながら前進しつづけることができる。その違いは、貧乏になる男が何もせずに初めから誰かの助けを期待するのに対し、金持ちになる男は誰の助けも期待せずに自分で積極的に行動することだ。

要は、一生懸命に努力すればするほど、結果的により多くの助けを得ることができるということである。**自力で財産を築いた人というのは、誰の助けも期待せずに自分の力で夢を追い求めようと奮起した人という意味で、実際には途中で多くの人の力添えを得て成功している。**

金持ちになるためのアドバイス

自分の未来を切り開くために責任をもつ決意をしよう。

37

貧乏になる男は金融市場が「論理と戦略」で動いていると考え、金持ちになる男は金融市場が「感情と強欲」で動いていると考える

人びとは学校で、「お金は論理にもとづく交換の手段」だと教わる。しかし、もしお金が本当に論理的に扱われているなら、もっと多くの人が金持ちになっているはずだ。

金持ちになる男は、お金が交換の手段ではあるが、取引が主に感情にもとづいて行われることを知っている。それを理解することはきわめて重要である。なぜなら、お金をたくさん手に入れれば入れるほど、ふだんの生活でますます多くの取引をすることになるからだ。**どんな取引にも感情的要素が付随し、感情が高ぶれば高ぶるほどリスクが高まることを肝に銘じなければならない。**

その証拠にラスベガスには、人びとがカジノで高揚感を求めるためにたくさんのお金を失い、そのお金で建設された豪華ホテルが林立している。**貧乏になる男は感情と強欲に振り回されて、**

ついついリスクの高い出費をしてしまうからだ。

一方、**金持ちになる男は、お金を使うときには取引の感情的な面を理解しなければならないことを知っている。**だから、モノやサービスの見かけの価値と実際の価値を比較検討し、見かけの価値に目を奪われることなく実際の価値をもとに取引をする。この考え方は専門知識とは関係なく、お金の交換に関する基本的な姿勢である。お金をたくさん手に入れれば入れるほど取引が多くなるから、この姿勢はますます重要性を増す。

金持ちになる男は、市場を動かしているのが感情と強欲であることを知っている。だから、すべての取引でそれを計算に入れる。彼らは人間の本性を熟知し、それが取引に及ぼす影響を考慮に入れることで優位に立って財産を築くのだ。

金持ちになるためのアドバイス

市場を動かしている感情と強欲について理解を深めよう。貧乏人は恐怖のために資産を手放す傾向がある。あなたはそれを好機ととらえているだろうか？

38

貧乏になる男は
お金で「地位」が得られると考え、
金持ちになる男は
お金で「自由」が得られると考える

貧乏になる男がお金について抱いている多くの誤解のひとつは、財産を築けば他人に見せびらかせると思い込んでいることだ。たしかにお金があれば「地位」を得ることができるが、**財産を築く本来の目的は「自由」を得ることである。財産がなければ、本当の意味で自由になることはできない。**貧乏人は雇い主や政府などの権力に管理され、自由を制限されて生きている。住宅ローンの支払いを心配しながら自由のために立ち上がることは難しい。

一方、金持ちは立ち上がって抑圧と闘うだけの経済力がある。だから不健全な労働環境や悪質な上司といった不快な状況から逃れることができる。病気になれば名医にかかり、体調がすぐれないときは快適な状況に身を置くことができる。意見を言いたいときは政治家に電話すれば聞き入れてもらえる。事業や政治、慈善活動の資金を必要としているときは、パーティーやオークションをして資金を集めることができる。このようにお金で自由を得ることができる例は枚挙にいとまがない。

貧乏人と金持ちは同じ世の中で生きているが、同じ自由を得て生活しているわけではない。この現実に貧乏になる男は憤りを覚えるが、野心家はそれを発奮材料にして金持ちになることをめざす。

このことが正しいとかあるべき姿だとかいうつもりはない。要は、それが世の中の現実だということだ。腹を立ててエネルギーを浪費するのではなく、そのエネルギーを金持ちになるために使ったほうが得策である。

お金が与えてくれる唯一のものは、お金がない心配から自由になれる安心感である。

ジョニー・カーソン（アメリカのタレント）

金持ちになるためのアドバイス

金持ちになって得ることができる自由を列挙しよう。

39

貧乏になる男は収入を「超え」て生活し、金持ちになる男は収入の「範囲内」で生活する

貧乏になる男は稼ぎが少ないから支出が収入を超えている。そんなことで貯蓄などできるはずがない。ほとんどの人は創造的なアイデアを思いつくどころか、収入を超えて生活をしているため、将来の心配をしながら眠れぬ夜を過ごしている。

もしそれがわずかな人に限定されているのなら、やむをえない。しかし、史上もっとも豊かな国に暮らしている人びとの大多数がそうなのだ。アメリカでは大勢の人がワーキングプアで、あまりにも稼ぎが悪いので収入を超えて生活しているのが現状だ。

彼らは愚かではない。むしろ、彼らの一部は高学歴で頭がいい。唯一の違いは考え方だ。彼らは自分が金持ちになれるとは考えていない。お金に対するマイナスの信念と金持ちに対する偏見に呪縛《じゅばく》されているために、そんなことは思いもよらないのだ。

金持ちになる男は収入の範囲内で生活する。知恵があるからではなく、大金を稼ぐのでぜいたくな生活をしてもまだ将来のための貯蓄に回すことができるからだ。金持ちになれば貧乏人が一年で稼ぐよりも多くのお金をたった一日で稼ぐのだから、収入の範囲内で生活することは簡単である。さらに、**金持ちは過酷な労働ではなく労力にレバレッジをかけることによって大金を稼ぐことができる。**不幸なことに、過酷な労働こそが、多くの貧しい労働者を死に至らしめているストレスの原因なのだ。

収入の範囲内で生活することほど品位のある生き方はなく、これほど立派な自立の証しはない。

カルビン・クーリッジ（アメリカ第三十代大統領）

金持ちになるためのアドバイス

毎年、どれくらいのお金を使い、貯め、投資したいかを決定し、それを実現するための計画と期日を定めよう。

40

貧乏になる男は
お金を「ストレス」と結びつけ、
金持ちになる男は
お金を「心の平安」と結びつける

貧乏になる男はお金のことをなるべく考えたくないと思っている。お金に対してネガティブな感情を抱いているからだ。彼らはお金を必要悪とみなし、人生の一部として永久に受け入れなければならないと思い込んでいる。

一方、金持ちになる男はお金を「偉大な解放者」とみなし、財産を築くことによって心の平安を得る。彼らは、お金がストレスを軽減し、チャンスを拡大してくれることを理解し、お金で問題が解決するならそれでいいと考えている。実際、すべてではないにしろ、多くの問題がお金で解決できる。

貧乏になる男はたえずお金について心配している。恐怖におびえているためにチャンスをつかめず、ずっと貧しい状態にとどまっているからだ。貧乏になる男はその貧しさ意識ゆえに小銭を節約する数々の方法を考える。

一方、金持ちになる男はより多く稼いで、より効果的に投資し、お金にレバレッジをかける方法に意識を集中する。富裕層向けの高級百貨店ではバーゲンセールがめったに開催されないことに注目してほしい。金持ちになる男が特価品を好まないというわけではないが、彼らは小銭を節約するより資産を増やすことに興味がある。

貧乏になる男が知らないのは、金持ちになることはお金の問題というより考え方の問題だということだ。ほとんどの人は貧しい生活から抜け出すことができない。考え方のレベルが低いために、いつまでたってもうだつが上がらないのだ。

金持ちになることは、金持ちのように考えることから始まる。それは意識の問題だが、貧乏人は恐怖と欠乏におびえているために、この単純な真理を理解できない。

金持ちになるためのアドバイス

心の平安を得るのに必要な行動を書き出そう。借金を全額返済する、子どもの大学進学のための銀行口座をつくる、緊急事態のためのお金を準備する、などなど。

41 貧乏になる男は「小さく」考え、金持ちになる男は「大きく」考える

貧乏になる男は些細《ささい》な問題に気をとられながら暮らしている。彼らは自分の成功より他人のゴシップやスキャンダルに興味を抱く。このレベルの考え方は莫大《ばくだい》なエネルギーを空費するので、創造的思考や問題解決のためのエネルギーがほとんど残らない。

金持ちになる男は貧乏人のこうした小さい考え方を無視する。一日のエネルギーが有限であることを知っているので、大きく考えることにエネルギーを集中するのだ。**彼らは貧しくて小さい考え方を拒否して豊かで大きい考え方を選択し、怒りや嫉妬《しっと》、狭量さを捨てて財産を築くという目標に焦点をあてる。**

貧乏になる男にとっては途方もない夢でも、金持ちになる男は実現可能だと考える。そういう前向きな姿勢を貫くのは、成功の秘訣《ひけつ》が高いレベルの意識をもつことだと理解しているから

にほかならない。

年収五万ドルしか得られないのは、そうしたいからではなく、年収五十万ドルを稼ぐ方法を知らないからだ。つまり、意識のレベルが低いのである。

これはスポーツや芸術の世界でも同様で、**プロはアマチュアより意識のレベルが格段に高い。彼らはみな大きく考えることを習慣にしている。**貧乏人のように小さく考えているかぎり、大成しないことをよく知っているのだ。

金持ちになるためのアドバイス

自分の考え方を検証し、今までよりも大きく考えることを習慣にしよう。大きく考える人たちの著書や講演を通じて彼らの積極的な姿勢を学ぼう。

42

貧乏になる男は「他人に足を引っ張られる」と考え、金持ちになる男は「宇宙が応援してくれる」と考える

貧乏になる男は、世の中はたいへん厳しいから、気を抜くと他人につけ込まれると考えている。たしかにその信念は一面の真実で、他人をだまして利益をはかろうとする人がいるという現実は否定できない。

しかし、すべての人がそういうわけではないし、最大の問題は、このような恐怖に根ざした考え方から生まれる低レベルの意識である。恐怖はもっとも強い感情であり、その人のあらゆる思考に深刻な影を落とす。人間はいったん恐怖に取りつかれると、世の中をネガティブな視点で見て悲観主義と被害妄想に陥りやすい。

金持ちになる男は貧乏になる男と外面的には同じ世界に住んでいるが、内面的にはまったく異なる世界に暮らしている。それは生まれつきの才能によるものではない。自分の考え方をコ

ントロールすれば物事がうまくいくことに気づいて高いレベルの意識にもとづいた選択を意識的に行っているのだ。

金持ちになる男は世の中の現実を直視するが、同時にその可能性も見る。同じことが彼らの人間観察についてもあてはまる。彼らは出会うすべての人に秘められた潜在能力を見る。それは彼らが意識的に行っていることだ。

金持ちになる男は宇宙や神、高次の力が自分のひたむきな努力に共鳴し、究極のビジョンへと導いてくれると信じている。そしてたえず力を貸してもらっていると確信して目標と夢に向かって前進する。

要するに、貧乏になる男は他人に足を引っ張られるとおびえているのに対し、金持ちになる男は宇宙が応援してくれていると信じているのだ。両者とも同じ世の中で生きているが、意識のレベルがまったく違うのである。

金持ちになるためのアドバイス

「宇宙は味方で夢と目標に向かって前進するように導いてくれている」と自分に言い聞かせよう。それは強力な信念となり、競争相手より優位に立つことができる。

43

貧乏になる男は「お金を得ることばかり」考え、金持ちになる男は「情熱と楽しさ」を追い求める

貧乏になる男は労働時間がお金と直結していると考えている。彼らは普通の意識をもつ人たちに影響されて、より長く働ければ働くほどお金を稼げると思い込んでいるのだ。しかし、一日は二十四時間しかないのだから、そのなかでより多くのお金を稼ぐ方法は、昇給を得ることだけである。

貧乏になる男は、汗水たらして働けばお金が稼げると考えている。たしかにそれは一面の真実ではあるが、お金を稼ぐための非効率な方法であり、生涯にわたってワーキングプアになる恐れがある考え方だ。

金持ちになる男はそういう考え方をしない。彼らはひとつのアイデアをもとにさまざまな方法を考え出すことに長《た》けている。**貧乏になる男が与えられた仕事をすることでどれだけ給料が**

もらえるかを考えるのに対し、金持ちになる男は自分の大好きなことをして大金を稼ぐ方法を見つける。

貧乏になる男も金持ちになる男もお金を稼ぐという目標は同じだが、その目標に至る過程は正反対だ。貧乏になる男がお金を得ることばかり考えているのに対し、金持ちになる男は情熱と楽しさを追い求めてワクワクしている。

どちらがたくさんのお金を稼ぐだろうか？

答えは明らかだ。

財産を築くかどうかは考え方によって決定される。だから、豊かな考え方をすれば誰もが財産を築くことができる。

アンドリュー・ヤング（アメリカの政治家）

金持ちになるためのアドバイス

どれだけ働けば給料がもらえるかを考えるのではなく、人びとの暮らしに役立つアイデアを思いついて、それをもとにお金を稼ぐ方法を考えよう。

44

貧乏になる男は幸運に恵まれるのは「偶然」だと考え、金持ちになる男は幸運に恵まれるのは「必然」だと考える

貧乏になる男は、成功が抜群の才能と特殊な知識をもつ選ばれた少数の人だけのものだと思い込んでいる。だから自分はお金で苦労すると予想し、その結果、たえずお金で苦労している。

貧乏になる男は、たまに成功を収めるとか、何かを手に入れるなどして思いがけない幸運に恵まれると、「これはまぐれだから、こんな幸運が続くはずがない」と考える。長年のこういう消極的な考え方は負け癖の原因になり、それはたいてい墓場までついて回る。

一方、金持ちになる男は幸運が必然の帰結だと考える。この信念が彼らをさらなる成功へと駆り立てるのだ。

貧乏になる男がテレビの娯楽番組やビデオゲーム、ネットサーフィンに興じている間、金持ちになる男は高い目標を設定し、それを達成する戦略を練る。貧乏になる男は成功する意欲に

欠けているように見えるが、実際にはマイナスの信念が邪魔をしているだけだ。その内容は「どうせ無理だとわかっているのに、金持ちになる夢をもって何になるのか。途中で挫折《ざせつ》して痛い目にあうだけだ」というものだ。

金持ちになる男は野心的に見えるが、それはプラスの信念が彼らを成功へと駆り立てているからだ。そして実際に成功すればするほど、その信念が強化される。

金持ちになる男がプラスの信念によって成功を重ねて上昇を続けるのに対し、貧乏になる男はマイナスの信念によって挫折をくり返し、うだつが上がらない人生を送る。両者とも自分は正しいという強い信念をもっているが、内容が正反対なので結果に天と地ほどの差が出る。

人はみな考え方を変えれば繁栄への道を歩むことができるが、貧乏になる男はそれに気づいていない。彼らは金持ちが楽しそうに次々と夢をかなえるのを心の中であざけり、「どうせ運がよかっただけだ」と考える。

金持ちになるためのアドバイス

人生に対する期待を高めて、幸運に恵まれても驚かないようにしよう。

45

貧乏になる男は
お金を稼ぐと「ストレスが増える」と考え、
金持ちになる男は
お金を稼ぐと「ストレスが減る」と考える

貧乏になる男は、お金を稼げば稼ぐほどストレスが増えると考えている。高い目標に向かって前進する人たちはいつも精力的に働いているので、ストレスをため込んでいるように見えるからだ。

一方、金持ちになる男は、お金を稼げば稼ぐほどストレスが減ると考えている。ほとんどの問題はお金で解決できるからだ。**実際、仕事と人間関係のストレスの大半は金欠によるものだから、お金をたくさんもてばストレスを感じずにすむのである。**

金持ちになる男は「ストレスをなくして家族と一緒に過ごす時間を長くしたいなら、金持ちになって現在のいやな仕事を辞めるのが手っ取り早い」と主張する。実際、企業の高給取りの多くですら、稼ぐよりも使うお金のほうが多くて自由が利かず、家族と一緒に過ごす時間が少ないことを懸念している。**そういう人たちは自分の信念と行動を少し調整すれば、現在の年収より多くの金額を一か月で稼げることに気づいていない。**邪魔をしているのは、汗水たらしてより長時間働くことが多くのお金を稼ぐ唯一の方法だという思い込みである。

金持ちになる男は創造的なアイデアを活用して大金を稼ぎ、ストレスにさらされないようにすることができる。そこまでのレベルに達する秘訣は、貧乏になる男とは異なる信念を身につけて実践することだ。

お金が使われる目的はふたつだけである。ひとつは、快適さを追求することだ。快適さを感じれば感じるほど創造性を発揮することができる。そして、もうひとつは、お金を通じて社会に貢献することだ。

ボブ・プロクター（アメリカの講演家）

金持ちになるためのアドバイス

お金の心配をするストレスがなくなれば、夢の追求にどれだけ多くの精神的エネルギーを使うことができるかを想像しよう。

46

貧乏になる男は「お金を稼ぐと問題が増える」と考え、金持ちになる男は「お金を稼ぐと問題が減る」と考える

貧乏になる男が抱いているもうひとつの誤解は、金持ちが仕事中毒であり、問題をたくさん抱えているので人生を楽しむ余裕がないというものだ。これは貧乏になる男が自分の金欠病を正当化するためによく使う言い訳である。まるで、成功してもつまらないので成功をめざさない理由を探しているかのようだ。

多くの金持ちが仕事中毒のように見えるのは事実だが、たいていの場合、彼らは仕事が大好きなので、それを労働とみなしていない。実際、**自力で財産を築いた金持ちにとって、仕事と遊びの境界線はほとんどない**。彼らは仕事に夢中になっているから、問題を解決するのが楽しくてしかたがないのだ。もし自分で問題を解決できなければ、誰かにお金を払って代わりに解決してもらうことができる。

貧乏人にはそういう選択肢がないから、金持ちより多くの問題を抱えざるをえなくなる。しかし、もし誰かにお金を払って問題を解決してもらうことができれば、より重要で儲《もう》かる分野に時間と労力を集中することができる。だから、お金があればあるほど、自分で解決しなければならない問題が減るのだ。

貧乏になる男は多くの問題を抱え込んでなかなか寝つけない。一方、金持ちになる男はどの問題も解決できると確信してぐっすり眠る。皮肉なことに、貧乏人になる男は心配で睡眠不足に陥っているために仕事に身が入らず、金持ちになる男は心配せずに熟睡してエネルギッシュに財産を築く。

成功とは、お金の心配をしなくてもいいことだ。

ジョニー・キャッシュ（アメリカの作曲家）

金持ちになるためのアドバイス

自分が抱えている問題を「お金で解決できる問題」と「お金で解決できない問題」に分類しよう。

47
貧乏になる男は「お金」に執着していると考え、金持ちになる男は金持ちが「成功」に執着していると考える

貧乏になる男は「執着心」というのは悪いものだと思い込んでいる。一方、金持ちになる男は目標の達成に対する「執着心」は健全なものだと思っている。金銭欲と物欲もモチベーションの一部ではあるが、**金持ちになる男にとって最大のモチベーションは、多くの場合、したいことをしたいときにする自由を手に入れることだ。**

金持ちになる男は仕事と人生をゲームとみなし、そのゲームに勝ちたいと思っている。だから金持ちになっても次の成功をめざすのだ。彼らにとってお金とは、直近の目標を達成したことの目安にすぎない。金持ちが稼ぐお金の大半は、いずれ相続人か慈善団体に手渡される。だから使いきれないだけのお金に執着することはあまりない。彼らが執着しているのは「お金」よりも「成功」である。お金に執着するのが間違っているというのではなく、たいていの場合、

一定の資産を築いたらお金が最大のモチベーションではなくなるということだ。具体的な金額は人によって異なるが、現象は同じである。

金持ちになる男は勝つことが大好きで、勝利のあとの高揚感はじつに甘美だ。貧乏になる男はそれを理解していない。なぜなら、お金を最優先課題にする必要がないほど多くのお金を手に入れたことがないからだ。請求書の支払いに困っている人にとって、仕事と人生をゲームとみなすことは難しい。

金持ちになる男は欲しいものを手に入れる達人であり、最大の目標は、財産を築いて自由な時間を確保し、私生活の充実や慈善活動などのより高いレベルの活動に意識を向けることだ。これはほとんどの人があこがれるライフスタイルであり、それを実現すれば、想像すらできない充実感と満足感を得ることができる。

金持ちになるためのアドバイス

人生で何を手に入れたいかを考え、その願望を実現するために全力を尽くそう。

48

貧乏になる男は「自分の利益」を優先していると考え、金持ちになる男は「自分の利益」を優先していると考える

なんだかおかしい？　いや、この見出しはこれで合っている。両者の違いは、貧乏になる男がそれは間違っていると考えるのに対し、金持ちになる男はそれが正しいと考えることだ。

貧乏になる男は自分のニーズより他人のニーズを優先するように幼いころから教え込まれている。慈愛に満ちた崇高な哲学のようだが、おそらく最悪のアドバイスだ。

旅客機に搭乗すると、「緊急時には各座席に酸素マスクが降りてきますから、周囲の人を助ける前に自分の酸素マスクを確保してください」という機内アナウンスが流れる。このアドバイスは利己的なようだが、多くの人命を救助するのに役立ってきた。なぜなら、自分の命を救わなければ、他人の命を救うことはできないからだ。自分がもっていないものを他人に与えることはできない。請求書の支払いができない人が週に何日もボランティア活動に出かけると、

それで救われる人より困らされる人のほうがたぶん多い。

金持ちの哲学は、まず自分が金持ちになり、欲しいものを手に入れてから人助けをすることだ。たしかにボランティア活動は立派だが、便利なモノやサービスを提供して人びとの暮らしを豊かにするほうがはるかに多くの人の役に立つ。

自力で財産を築いた金持ちはみな、財をなす過程では自分の利益を優先しなければならない時期があると指摘する。彼らはそれが崇高な考え方ではないことを知っているが、成功するために必要だと確信している。しかし、一定の財産を築くと、考え方をレベルアップして、他人の苦しみを軽減することに意識を向ける。地域社会への恩返しを義務づけられているわけではないが、多くの金持ちは自発的にそれを選ぶ。

利己主義はある意味で美徳である。自分の利益を優先することは生き残るうえで不可欠だし、生き残らなければ、愛する人たちを守ることができないからだ。

デューク・エリントン（アメリカのジャズピアニスト、指揮者）

金持ちになるためのアドバイス

金持ちになることが間違っているというマイナスの信念を捨てよう。

49

貧乏になる男は「お金をもらって社会から引退すること」を夢に見て、金持ちになる男は「財産を築いて社会に貢献すること」を夢に見る

富裕層の成功者の研究を始めたとき、貧乏人が金持ちになれないのは、金持ちになりたいという願望がないからではなく、自分にその願望を実現する能力がないと思っているからだとわかった。

貧乏になる男はお金に対するマイナスの信念に呪縛されている。そんな状態で多少なりともお金をもっていること自体が奇跡といってもいいくらいだ。何らかの幸運に恵まれるか、こういう本にめぐり合うことがなければ、ほとんどの人は金持ちになるチャンスをつかむことはできない。もっとお金を稼ぐために必要な能力をもっているのだから、マイナスの信念を捨てさえすれば、誰でも夢を実現できるのだ。意識改革をすればいいのだが、残念ながら貧乏になる男は信念が、自分の行動とそれによって左右される結果にどれだけ影響を及ぼすのかということ

について教えられていない。

信念はその人の行動のすべてを規定するから、それを意識的に変えないかぎり、ずっと同じ状態が続く。このことは行動科学や心理学では常識だが、貧乏になる男はそれを知らない。

貧乏になる男は恐怖と欠乏に根ざした意識のために猜疑心《さいぎしん》というフィルターを通して世の中を見る。だから自己啓発の本やセミナーを活用して、人生を変えるきっかけをつくろうとは思わない。貧乏になる男はこうしたマイナスの信念のために、定年退職を迎えたあと、死ぬまで不自由しないだけのお金を手に入れて暮らしていくことだけを目標にしている。

一方、金持ちになる男は自分が築いた財産を通じて社会に貢献することをめざす。そのために慈善活動にかかわる人もいるし、事業やその他の経済活動に取り組む人もいる。彼らはそうした活動をしながら物質的に恵まれた生活をし、金持ちであることによる心の平安を得る。

財産は力だ。財産があれば、多くのことができる。

ジョージ・クレイソン（アメリカの作家）

金持ちになるためのアドバイス

お金を使って社会に役立つ方法を五つ列挙し、それに必要な金額を推計しよう。

第5章

積極的にチャンスをつかもうとしているか？

一部の人が裕福になるということは、
それ以外の人も裕福になれることを示している。
勤労意欲が旺盛で成功をめざしている人にとって、
この事実は大きな励みになるだろう。

——エイブラハム・リンカーン（アメリカ第十六代大統領）

50

貧乏になる男は「悲観的」になるほうが得策だと考え、金持ちになる男は「楽観的」になるほうが得策だと考える

貧乏になる男は恐怖におびえながら考えるので、悲観的になるほうが得策だというマイナスの信念を抱いている。期待しなければ落胆することもないという消極的な考え方だ。

一方、金持ちになる男は、仕事と人生に対して楽観的な姿勢を貫いて財産を築く。自分がすることは必ず成功すると確信し、たとえうまくいかなくても次の機会に成功することを期待するのだ。

楽観主義とは、どんなに失敗しても希望をもって前に進む心の姿勢のことである。実際、金持ちになる男はあまりにもひんぱんに失敗するので、「失敗のエキスパート」と呼んでもいいくらいだ。ただし、貧乏になる男がひとたび失敗すると落ち込んで挑戦をやめるのに対し、金持ちになる男はいくら失敗してもすぐに気持ちを切り替えて挑戦を続ける。

金持ちになる男にとって、失敗は成功への布石にすぎない。彼らの精神力の源泉は楽観主義にある。どんなに挫折《ざせつ》しても希望を捨てず、勇気を出してすぐに立ち上がるのが彼らの長所だ。**金持ちになる男は成功する前の段階で、失敗するたびに周囲の人から「無謀なヤツだ」と批判される。その後、地道に努力を重ねて成功を収めると、周囲の人から「幸運なヤツだ」と冷ややかに言われる。**

貧乏になる男が金持ちの成功をさまざまな表現で説明しようとしている間、金持ちになる男はさらに成功するために次の課題に取り組んでいる。彼らは他人の成功をやっかむ人たちを無視するすべを心得ている。たとえ途中で手痛い失敗をしても、努力を継続すれば必ず成功すると楽観しているから、外野からどんなに野次られても平気だ。

悲観主義は衰退につながり、楽観主義は繁栄を呼び込む。

ウィリアム・ジェームズ（アメリカの心理学者）

金持ちになるためのアドバイス

何があってもめげず、明るい未来を思い描く楽天家になろう。

51

貧乏になる男は「金持ちが貧乏人を助けるべきだ」と考え、金持ちになる男は「自助努力が自立を促進する」と考える

貧乏になる男は金持ちが運やコネ、家柄によって財産を築いたと思い込んでいるから、金持ちが貧乏人にお金を分け与えるのは当然だと考えている。この社会主義的な思想は、すべての人が助け合うべきだという相互扶助の考え方に由来する。

一方、金持ちになる男は、自由市場経済の下ではすべての人が財産を築く機会に恵まれていると考えている。たしかに彼らは裕福で慈悲深いから、道徳心や社会的圧力からではなく自分の意思で寄付をする。しかし、**むやみにお金を分け与えることは、働いてお金を稼ぐことで得られる充実感を人びとから奪うことになる。多くの裕福な家庭が子どもに莫大《ばくだい》な財産を贈与するという間違いを犯し、結果的に子どもの自立を阻んでいる。**

金持ちになる男は自立が人生の行動指針だと考えているが、貧乏人が被害者意識にとらわれ

て他人に面倒を見てもらおうとしていることを知っている。現在の社会制度は、金持ちに罰則を科し、恵まれない人びとにお金を分け与えるという思想にもとづいている。恐怖と欠乏に根ざした考え方によると、それは公平であるばかりか社会的にもっとも発展した統治のあり方になる。しかし、もしこんなふうに富を分配すれば、いつまでたっても貧乏人は経済的に自立できないという無力感にさいなまれることになる。一部の権力者はその心理を熟知し、貧乏な一般大衆を支配するのに利用する。

金持ちになる男は、富を公平に分配すればいいという考え方を拒否する。なぜなら、この考えは貧乏人を自分の人生すら管理できないという絶望に追い込むことになるからだ。しかし、**貧乏になる男は恐怖におびえているから、自分たちが心理操作されていて、いくら努力しても成功できないという自信喪失の状態に陥っていることに気づかない。**

金持ちになるためのアドバイス

人生のすべての分野で自立のレベルを高める決意をしよう。

52

貧乏になる男は金持ちを「圧制者」と考え、金持ちになる男は金持ちを「解放者」と考える

貧乏人は金持ちにこれまでずっと仕えてきたし、これからもずっと仕えることになる。この現実が恐怖に根ざした意識と組み合わさり、貧乏人は金持ちに対して嫉妬《しっと》と羨望《せんぼう》を抱いている。

金持ちの経営者は貧しい中間層の人びとを雇っているので、貧乏人は金持ちを「圧制者」のように感じている。一方、金持ちは自分たちを「解放者」とみなしている。もっとも多くの税金を払い、慈善事業に莫大な寄付をし、多くの人を雇っているからだ。国家が経済危機に直面すると、指導者は富裕層に頼って多額の税金を払ってもらったり、金持ちにしか実行できない解決策を教えてもらったりする。

金持ちが社会の解放者であるもうひとつの理由は、彼らが決断してアイデアを実行に移す能力をもっているからだ。一方、貧乏人は請求書の支払いをするのが精いっぱいである。世界で

もっとも裕福な国であるアメリカですら、一か月の給料をもらわなければ路頭に迷う人が大勢いるのが現状だ。貧乏人はこの事実ゆえに恐怖を抱き、貧乏人に特有の信念、哲学、行動に固執する。

一方、**金持ちは愛と豊かさと感謝の心であふれ、ますます裕福になる。**この経験が成功の好循環をつくり、どんな夢や目標でも実現できるという確信をますます強化する。

金持ちも貧乏人も同じ世の中に住んでいるが、内面の世界がまったく異なる。時間の経過につれて、両者の格差はますます広がるばかりだ。

金持ちをたたいてはいけない。貧乏人が雇用を創出できるだろうか。

ローレンス・ピーター（アメリカの教育者）

金持ちになるためのアドバイス

社会に好影響を与えている十人の金持ちを列挙しよう。

53

貧乏になる男は
自分には資産形成が「無理だ」と考え、
金持ちになる男は
資産形成が「考え方次第だ」と考える

貧乏になる男は資産形成の本質を理解していない。だから、どの世代も同じ方法でやろうとして、ほとんど必ず失敗する。

学校では基本的な計算方法と帳簿のつけ方を学ぶが、そのためにお金の稼ぎ方を誤解し、高校を卒業するころには経済的な運命が確定しているのが実情だ。資産形成の真実を記した本を読むか、能力開発のセミナーで講演者に教えてもらうか、金持ちにじかに指導してもらわないかぎり、ゲームを始める前から勝負はついている。

事実を指摘しよう。資産形成は考え方から始まる。もし貧乏人の親からお金に対する考え方を受け継ぐなら、あなたも経済的には同じ運命をたどる。貧乏人のレベルにとどまる理由は、その壁を打ち破る方法を知らないからだ。

カギを握るのは考え方である。金持ちの考え方を学ぶ唯一の戦略は、彼らを研究することだ。人間の行動はすべて考え方に由来する。**貧乏になる男が資産形成は不可能だと考えているのに対し、金持ちになる男は資産形成が考え方次第だと考えている。それは「原因と結果の法則」だから、原因を変えれば、結果も変わる。**

金持ちになる男は「原因と結果の法則」を理解し実践している。だから、原因を変えるために、自分より金持ちの人たちをつねに研究して、お金に対する考え方をたえずレベルアップしている。

金持ちになるためのアドバイス

この本で学んだことにもとづいて、お金に対する新しい考え方を三つ列挙し、「私はそれを信じている」と自分に言い聞かせよう。

54

貧乏になる男は「金持ちは賢い」と考え、金持ちになる男は「知性や学歴は資産形成と関係ない」と考える

貧乏になる男は金持ちを社会のエリートとみなし、金持ちが自分たちより賢いと思っている。自分が成功できないことに失望し、成功した人をうらやんでいる人は、いつまでもこの誤解を抱きつづける。

しかし、**金持ちは自分を賢いとは考えていないし、生涯を通じて低賃金で肉体労働に従事する人を見下すどころか、彼らの体力と気力を称賛している。**実際、四十年間も身を粉にして働きつづける炭鉱労働者やレンガ職人の勤労精神は見上げたものだ。肉体労働は資産形成には不向きだが、金持ちは肉体労働者に敬意を抱いている。

自力で財産を築いた人は資産形成が知性や学歴とはあまり関係なく、集中力と忍耐力のたまものであることを知っている。貧乏になる男がテレビの娯楽番組やビデオゲーム、ネットサー

フィンに興じる間、金持ちになる男はひたむきに努力して財産を築くことに集中する。

金持ちの多くは高校や大学を卒業していない。彼らは若いころに学校で習っていることに意義を見いだせなかった人たちだ。実際、学校のカリキュラムの大半は、社会に出て成功するための知恵を扱っていないし、教師の大半は財産を築く方法を知らない。たしかに金持ちは学校教育の重要性を理解しているが、学校で習ったことが資産形成に役立ったと主張する人はほとんどいない。

金持ちになる条件は知性や学歴ではなく、明確な目標を設定し、それを達成するために全力を尽くすことだ。どんなに手間取ってもあきらめず、どんなにつらくてもやり抜く不屈の精神をもつ必要がある。きわめて単純な話だが、そんなに簡単なことではない。最大の問題は、多くの人が自分は金持ちになれないと思い込んでいるために、大きな目標に挑戦しようとしないことだ。

金持ちになるためのアドバイス

資産形成に必要な条件はすべてそろっていることを自分に言い聞かせよう。

55

貧乏になる男は「誰とでも気安くつきあい」、金持ちになる男は「つきあう相手を慎重に選ぶ」

一般に、高学歴の人は高学歴の人と話が合って仲よくなる。スポーツ好きの人はスポーツ好きの人と一緒に過ごしたがる。信仰心があつい人は信仰心があつい人と交際する。要するに、類は友を呼ぶということだ。金持ちも同様で、彼らは金持ち同士でつきあい、それ以外の人とはあまり交際しようとしない。

成功者は意識が伝染することを理解し、自分より成功している人と接することで刺激を受けようとする。**人間はつきあっている人と似てくるから、成功者は成功者に引き寄せられるのだ。**

貧乏人も自分と同じような人とつきあう傾向があるが、金持ちが金持ちとだけつきあうことに対しては世間の風当たりが強い。

類は友を呼ぶという法則からいうと、金持ちは小金持ちとはつきあおうとしない。しかし、小金持ちは金持ちの仲間入りをめざしているから、金持ちとつきあいたがる。**金持ちはお金について独創的な考え方をするから、つきあっていると学ぶことが多い。**貧乏人は金持ちと知り合いであることを周囲の人にひけらかすだけだが、金持ちは自分よりもっと金持ちとつきあって考え方を学ぼうとする。つまり、貧乏になる男は傍観しているだけだが、金持ちになる男は向上心が旺盛《おうせい》だ。あなたはどちらだろうか？

結局のところ、人間はふたつの方法で知恵を得るしかない。ひとつは読書、もうひとつは自分より賢い人とのつきあいだ。

ウィル・ロジャース（アメリカの作家、評論家）

金持ちになるためのアドバイス

自分より金持ちの人と過ごす時間を二倍に増やすことを目標にしよう。

56

貧乏になる男は「高い学位」を追い求め、金持ちになる男は「あらゆる学習の機会」を活用する

ほとんどの人は学校教育が成功のための唯一の教育だと思い込んでいる。実際、多くの企業が、大学に戻ってMBAをはじめとする修士号や博士号を取得することを奨励し、そのための学費を喜んで支給する。しかし残念ながら、たいていの場合、これは収入を増やすためのもっとも非効率な方法のひとつなのだ。

収入を増やすためのもっとも効率的な方法は、他の誰も解決できない問題の解決方法を考えついて、画期的なモノやサービスを提供することである。その問題が大きければ大きいほど大きな報酬が得られる。これが莫大な富を築くための究極の方法だ。

専門知識がもっと必要になることもあるので、大学で学ぶことも有効かもしれないが、**多くの場合、すでに成功して財産を築いた人に教えてもらうほうが得策である。**だから能力開発の

セミナーがますます人気を博しているのだ。一流の講演者は特定の分野で大成功を収めているから、彼らが伝授する秘訣《ひけつ》を学べばいい。

金持ちになる男は本やCDなどを教材として自己啓発に努めるのが大好きだ。彼らは自分の分野で成功した人たちに話を聞きに行って学んだり、個人的にコーチやコンサルタントを雇ったりする。彼らは夢を実現するためにあらゆる学習の機会を活用するが、それを終えたときに学位や認定証を必要としない。

このように、金持ちになる男は自分を目標に近づけてくれることには何でも心を開いて積極的にそれを活用する。

金持ちになるためのアドバイス

財産を築くためにどんな方法で学習する必要があるかを考え、それを実行しよう。

57

貧乏になる男は目標と期日を「あいまい」にし、金持ちになる男は目標と期日を「明確」にする

貧乏になる男が中途半端な気持ちで多くの目標を掲げるのに対し、金持ちになる男は一回にひとつの大きな目標を設定して全身全霊を傾ける。

私は目標に関してこれまで大勢の人の調査をしてきたが、目標を明確に設定して、成功するために努力している人は全体のわずか三パーセントだった。

金持ちは自分にとってもっとも重要な目標に集中し、それを実現する期日を設定する。彼らはそうやって財産を築く。

ほとんどの人はいろいろな目標やプロジェクトや趣味にエネルギーを分散するが、金持ちになる男はお金を稼ぐことに全神経を集中する。いったん目標金額に到達したら、他の目標に意識を切り替える。財産を築くためにこうして全力を尽くす姿勢が、彼らの成功をほぼ確実にし

ている。

貧乏になる男も金持ちになる男と同じ集中力をもっているが、目標を達成できるという信念が足りない。目標達成の過程に魔法はなく、自分を信じることがすべてだ。それがなければ、最後までやり抜くという気迫が生まれてこない。

くり返すが、**自分はできるという信念が成否を分ける。**信念にもとづいて行動するかぎり、信念が財産を築く力をもっているという言い方は大げさではない。金持ちはずっと前からそれを知っていて、人生の目標を達成するために信念の力を活用しつづける。

金持ちになるためのアドバイス

これからの一年で稼ぎたい正確な金額を紙に書こう。

58

貧乏になる男はできるだけ「怠けよう」とし、金持ちになる男は人一倍の「努力」をする

貧乏になる男の間で金持ちになるためのもっとも人気のある方法は宝くじだ。確率からすればお金を失うことはほぼ確実なのに、大勢の人が宝くじを買って努力せずに金持ちになろうとしている。

これは一見したところ害がなさそうだが、そんなことはない。悲しいことに、多くの人は宝くじとギャンブルが金持ちになるための唯一の方法だと思い込んでいる。人びとがカジノに行く理由はひとつしかない。お金をたくさん儲《もう》けて、二度とお金の心配をしたくないからだ。要するに、彼らは自分を信じるより確率百万分の一の大当たりに賭《か》けるほうが得策だと考えているのだ。言うまでもなく、カジノで金持ちになるのは、この巧みな心理作戦を考案し実行しているカジノのオーナーだけである。

貧乏になる男は毎日仕事に出かけて人並みの努力をし、なぜ自分が経済的に苦しいのかを不思議に思っている。彼らは会社の経営者を強欲な人間と決めつけて侮蔑《ぶべつ》し、なぜ自分がこんないやな目にあわなければならないのかと嘆いている。

一方、**金持ちになる男は宝くじとギャンブルにお金を浪費する代わりに自分を信じる。**そして毎日、たゆまぬ努力を続けて一歩ずつ夢と目標に向かって前進する。競争相手の九五パーセントは凡人だから、彼らはたやすく勝利し、上位五パーセントの仲間入りをする。彼らがこのレベルに初めて達するころには、貧乏になる男が五年かけて稼ぐお金を一年で稼いでいる。

ただし、**そういう人が億万長者にまでなれるかどうかは、我欲に満ちた競争を超えて創造的思考のレベルに達することができるかどうかにかかっている。恐怖と欠乏が愛と豊かさと感謝の心に取って代わられるとき、外面的な豊かさだけでなく、幸せと充実感という内面的な豊かさが得られる。**

金持ちになるためのアドバイス

自己啓発書と能力開発のセミナーを利用して自分に投資しよう。

59

貧乏になる男は「努力せずに楽をしよう」と考え、金持ちになる男は「努力を楽しもう」と考える

私は長年の研究で、ほとんどの人が努力せずに楽をしようと考えていることに気づいた。彼らは肉体的にも精神的にも、とにかく楽をしたいのだ。

一方、金持ちになる男は、資産形成は容易ではないから、努力せずに楽をしようという考え方が自滅につながることを若いころに学ぶ。そこで、彼らは努力する過程を楽しむことを決意する。

金持ちになる男はひたむきな努力の重要性を理解し、一時的な苦しみに耐える精神力があれば、いずれ莫大な財産が得られることを知っている。一方、貧乏になる男は努力せずに楽をしたいという気持ちが強いために、つらいことをしようとしない。しかし、資産形成の初期の段階ではチャンスの大半はつらいことのなかに隠されている。

たしかに金持ちになる男もつらいことをするのはいやだが、それがよりよい生活につながることを知って、全力で取り組む。**彼らはつねに楽観主義に徹する強靭《きょうじん》な精神力をもっているから、どんなにつらくても、成功するには努力を楽しめばいいと考える。**

努力せずに楽をしようなどという考え方に、私は一度も興味を覚えたことがない。なぜなら、そんな考え方にもとづく信念は、業績をあげるのにまったく役に立たないからだ。

アルベルト・アインシュタイン（物理学者）

金持ちになるためのアドバイス

財産を築くためにつらくてもしなければならないことを五つ列挙しよう。

60

貧乏になる男は「臆病かつ消極的」で、金持ちになる男は「大胆かつ積極的」である

貧乏になる男は子どものころから「冒険せずに無難に生きろ」と教え込まれている。大学生は人生に対して現実的な期待をするよう指導されるが、その考え方は教授や進路指導担当者の世界観にすぎない。

ほとんどの人がこうして身につける考え方は、「人生は危険で恐ろしいから、最小限の苦しみで生き残るためにリスクをとらずに安全策に徹するべきだ」というものだ。いったんこのような考え方を身につけると、リスクがなるべく少なくて長期雇用が期待できる職業に進路が限定される。

金持ちになる男もそれと同じアドバイスを受けるが、何らかのきっかけでそれと正反対の考え方を身につけることが金持ちになる方法だと気づく。その結果、恐怖を乗り越えて財産を築

くために積極果敢に挑戦する。保守的な生き方をする凡人たちが安全策をとって貯金を少しずつ増やしている間、金持ちになる男は間違った決定をし、お金を失って請求書の支払いに追われる。彼らは友人たちが小さくてもよい家を手に入れ、素敵なクルマに乗り、快適で幸せそうな生活をしているのを見る。親からは「頼むから安定した仕事に就いてくれ」と言われる。しかし、いったん財産を築く方法を発見すると、世界が豊かさにあふれていることを知り、もはや平凡な生活に満足しなくなる。**しばらくは結果が出ずに苦しむが、ある日、少しずつ成果が表れて、やがて大きな収穫を得て周囲の人を驚かせる。**突然、それまでの夢想家が億万長者になる。

まるで一夜で成功したように見えるかもしれないが、そこまでたどり着くまでに長い年月がかかっている。長期に及ぶ不断の努力がようやく実ったのだ。

幸運と愛は勇者とともにある。

オウィディウス（ローマの詩人）

金持ちになるためのアドバイス

財産を築く途中で世間の人から批判されることを覚悟しよう。

61

貧乏になる男は「古きよき時代」に固執し、金持ちになる男は「現在に生きて明るい未来」を夢見る

ほとんどの人は古きよき時代にいつまでも固執し、世の中が平和で楽しかったことを思い出す。さらに、「かつて人びとは正直に働き、スポーツ選手は華麗なプレーを披露し、音楽は軽快で心地よかった」と回想する。

貧乏になる男によく見られるこの習慣は世代を超えて受け継がれるが、本人はその口癖が自分にどれほど悪影響を及ぼしているかを知るよしもない。**最高の日々は過ぎ去ったと思い込んでいる人が金持ちになることはめったにない。**それどころか、たいていの場合、不幸と抑うつにさいなまれることになる。

一方、金持ちになる男は未来志向で、これから起こることに楽天的だ。彼らの驚異的な人生は、最初は心の中で、次は現実の世界で創造される。彼らは愛と豊かさにあふれた世の中を思

い描き、過去に感謝して教訓を学びつつ、現在に生きて明るい未来を夢に見る。

ほとんどの人が大きな業績をあげられないのは、最大のチャンスはすでに過ぎ去り、もう二度とチャンスに恵まれないと考えているからだ。残念なことに、そういう思い込みが自分を成功から遠ざけていることに彼らは気づいていない。

一方、金持ちになる男は、過去に生きて未来に悲観的になるのは臆病《おくびょう》だと考える。彼らが金持ちになるのは、自分を信じて未来を積極的に切り開き、夢と目標の実現に努めるからだ。計画に十分な時間を費やして明確な目標を掲げる。そして、それが実現するまでずっと明るい未来を夢に見つづける。

お金は夢を実現する力をもっている。

リチャード・ブランソン（イギリスの実業家、ヴァージン・グループ会長）

金持ちになるためのアドバイス

現在に生きて未来を夢に見よう。

62

貧乏になる男は「負けないように」安全策をとり、金持ちになる男は「大成功を狙って」フルスイングする

貧乏になる男の最優先課題は「安楽」と「安定」である。だからローギアで徐行を続け、何としてでもリスクを避けようとする。

貧乏人に関する古いジョークとして、死んで天国に迎え入れられたときに、「やっと人生が終わってよかったね」と祝福されるという話がある。

一方、金持ちになる男は思いきって突き進む。夜間に計画を立てて昼間にそれを実行に移す。人生に残された日数がかぎられていて、時間が刻々と過ぎ去っていることを知っている。終わりが差し迫っているから、失うことは何もないという考え方だ。彼らは恐れることなく挑戦し、ほとんどの人が一生で経験するよりも多くの成功と失敗をたった一年で経験する。失敗は大きいが、成功はさらに大きい。

金持ちは大胆な生き方をし、毎朝、ワクワクしながら目を覚ます。彼らは情熱的に働くからますます金持ちになる。その結果、彼らの莫大な財産はリスクを最小化してさらに大きな挑戦を可能にする。

金持ちになる男は成功するたびに自信をつけて、さらに大きなことに挑戦する。たとえ失敗しても立ち直るだけの強靭な精神力をもっている。だから、貧乏になる男が生き残るのに精いっぱいで安全策をとろうとするのに対し、金持ちになる男は豊かさ意識をもってさらに高いレベルを夢に見る。

金持ちになるためのアドバイス

残された時間がいつかなくなることを肝に銘じ、チャンスがあるうちに夢に向かって前進しよう。

63

貧乏になる男はがっかりしないように「小さな期待」を抱き、金持ちになる男はワクワクするために「大きな期待」を抱く

貧乏になる男は小さな期待を抱くほうが得策だと考えている。そのほうが落胆せずにすむ、と周囲の人からアドバイスされたからだ。

しかし、金持ちになる男はそれが間違いだと断定する。大きな期待をせずに金持ちになって夢を実現した人など一人もいないことを知っているからだ。

古代の賢者の教えによると、人間は心の中で期待しているものを得るという。しかし、多くの人は落胆から身を守るために小さな期待を抱き、平凡な人生に甘んじようとする。

私が話を聞いた金持ちはみな、成功の過程で何度も失敗を経験している。彼らの多くがそれまでに大金を失っていたが、失敗が大成功の条件だと考えている。

すべての富は大きな期待を抱くことから始まる。大成功を収めた人たちを研究した結果、私

は、自力で財産を築くかどうかは考え方の違いによることを発見した。
貧乏人は人生が苦しみの連続だと考えるのに対し、金持ちは人生が愉快なゲームだと考える。金持ちがいつも大きな期待を抱くのは、ワクワクしながらゲームをするのが大好きだからだ。ワクワクすればするほど情熱的に働くようになり、ますます大きな成功を収めることができる。それが金持ちの考え方だ。一方、貧乏人は心の中でひそかに絶望しながら苦しみに満ちた人生を送る。

自分が心の中で抱いている期待を超える成功を収めることはできない。だから、大成功を収めたいなら、途方もなく大きな期待を抱く必要がある。

ラルフ・チャレル（アメリカの作家）

金持ちになるためのアドバイス

自分の経済的目標を検証し、それを少なくとも五〇パーセント引き上げよう。現時点でその目標を実現する方法を知らなくてもいい。このエクササイズによって考え方が変わり、期待を高める習慣を身につけることができる。

64

貧乏になる男は
思いがけない幸運を「失うこと」を心配し、
金持ちになる男は
思いがけない幸運を「活用する方法」を考える

貧乏になる男の基本的な信念は、すばらしいことは他人に起こることで自分には縁がないというものである。一方、金持ちになる男の基本的な信念は、成功と充実感と幸せが人生の自然な秩序だというものだ。

そんなわけで、もしすばらしいことが自分の身に起こると、ほとんどの人は次はうまくいかないと思ってしまう。自分が成功することなどありえないと思い込んでいるのだ。そういうマイナスの信念のために、**貧乏になる男は物事がうまくいきそうになると自滅する方法を見つけ、元の状態に戻ってしまう。**高まった水位が元の水位に戻るように、彼らの経済レベルは心の中で抱いているマイナスの信念と同じ低いレベルにとどまるのだ。問題はお金そのものではなく、低い経済状態の原因になっている意識である。

普通の収入しか得ていない人は、他の普通の人と同じように考える。それは金持ちも同じだ。金持ちは他の金持ちと同じように考えるから、金持ちは金持ち同士でつきあうことを好む。金持ちになる最速の方法は、金持ちと接して彼らの考え方をまねることだ。そうすれば、あなたの行動パターンは変化しはじめる。

お金にレバレッジをかけるという考え方はよく知られているが、信念にレバレッジをかけることが自力で財産を築いた人たちの知られざる戦略だ。**信念は行動を規定するから、成功者の信念を見習って自分の行動をレベルアップすることが成功するための確実な方法である。その秘訣は、自分はそれができると信じることだ。**

残念ながら、ほとんどの人は、これほど効果的な方法が単純であることを信じようとしない。挑戦しても失うものがないのに、恐怖におびえているので、それが時間の無駄だと思い込んでいるのだ。一方、金持ちになる男は自分がますます成功することを確信し、信念にレバレッジをかけて資産を増やしつづける。

金持ちになるためのアドバイス

資産を増やすために、成功者の信念を学んで、それにレバレッジをかけよう。

65

貧乏になる男は「お金のために」働き、金持ちになる男は「仕事が大好きだから」働く

貧乏になる男はお金のために働く。だから、もし雇い主が賃金を支払わなくなれば、出勤するのをやめる。

一方、金持ちになる男は仕事が大好きだから働く。彼らにとって仕事は、生活のなかでもっとも充実感が得られる活動のひとつである。彼らは配偶者を選ぶのと同じくらい慎重に職業を選ぶ。いったん自分の情熱を発見し、それをしてお金を稼ぐ方法を見つけたら、一心不乱に働く。自分が好きで選んだ仕事が楽しくてしかたがないのだ。

貧乏になる男が退社すると仕事のことを忘れるのに対し、金持ちになる男は戦略を練って新しいアイデアを創造する。その違いは知性や教養ではなくモチベーションだ。**貧乏になる男はお金を稼ぐという外発的なモチベーションで働くが、金持ちになる男は仕事が大好きだという**

内発的なモチベーションで働く。仕事がつらくなってフラストレーションがたまると、貧乏になる男は社交や趣味、週末のレジャーに逃避する。一方、金持ちになる男はフラストレーションがたまると、ますます意欲的に仕事に取り組む。彼らは試練が大好きなのだ。

金持ちになる男は内発的なモチベーションで働いて財産を築くが、貧乏になる男はそれを「幸運」と呼ぶ。しかし、実際には幸運はほとんど関係ない。金持ちは、大好きなことをして働いているという幸運は別として、ひたむきに努力して自分の手で幸運をつかんだのだ。

ほとんどの人は金持ちの成功を幸運によるものと解釈し、自分が幸運をつかむ努力を怠っていることから目をそむける。一方、金持ちはひたむきに努力して幸運をつかみ、自分が大好きな仕事に励んで財産を築く。

仕事に情熱を燃やすようになれば、お金はあとからついてくる。

ホセ・シルバ（アメリカの心理学者、シルバメソッド考案者）

金持ちになるためのアドバイス

自分が本当にしたい仕事を紙に書いてみよう。

66

貧乏になる男は「貧しさ意識」によって自滅し、金持ちになる男は「豊かさ意識」によって繁栄する

貧乏になる男は自分を限定する無数のネガティブなメッセージに日常的にさらされている。彼らの考え方は恐怖に根ざし、自分を破滅に追いやっているのが実情だ。たとえポジティブなメッセージを聞いても、心の中に巣くうマイナスの信念のためにその知恵を受け入れることができない。

貧乏になる男がお金に関して無意識に抱いている信念は、お金はすべての人に行き渡るほどたくさんないというものである。この信念に拍車をかけているのが、お金の供給量には限界があるという事実だ。しかし、それは本当に重要なことではない。

金持ちになる男は、お金がアイデアに向かい、財産を築くには問題の解決策を考え出せばいいことを知っている。アメリカでは上位一パーセントの人が国民総資産の約四〇パーセントを

独占しているが、財産を受け継いだ人は例外として、彼らは問題の解決策を考え出すために努力する方法を知っている。彼らは「豊かさ意識」をもち、問題の解決に時間と労力を費やせば費やすほど金持ちになる。そして成功すればするほど、もっと成功することを期待する。

ほとんどの人は貧しさの原因が考え方にあることに気づかず、成功をひたすら心待ちにしている。一方、金持ちは資産形成が考え方から始まることを知っている。何かを実現するには自分を信じなければならないが、ほとんどの人はそれを逆に考え、船が救出してくれるのを待っている。しかし、船はいつも目の前の港に停泊していて、船長が現れるのを待っているのだ。

私が話を聞いた金持ちはみな、人間が自らの創造者か破壊者だという意見で一致している。**人びとは敵が外にいると思い込んでいるが、本当の敵は自分自身なのだ。**自由市場経済の下での富の配分がつねに不均衡なのは、そういうわけである。

金持ちになるためのアドバイス

自分が「貧しさ意識」に苦しんでいるか「豊かさ意識」を楽しんでいるかを検証しよう。

67

貧乏になる男は「お金があれば幸せになれる」と考え、金持ちになる男は「お金と幸せはほぼ無関係だ」と考える

貧乏になる男はいつもお金について誤解している。お金の性質を知らないし、お金が流れる仕組みも理解していない。彼らはそういうことが永久にわからないまま生涯を終える。悲しいことだが、それが現実である。

お金に関するもっともよくある誤解は、お金があれば幸せになれるという考え方だ。貧乏になる男は口先では「お金では幸せになれない」と言うが、それは自分をごまかすための言い訳にすぎない。お金がなくて生活に困っている人が、そんなふうに思えるはずがないのだ。

では、なぜ彼らはそんなことを言うのか？

幼いころからそのように刷り込まれてきたからだ。彼らは貧乏人に囲まれて育ち、いつもそう聞かされてきた。本当はお金が欲しくてたまらないのに、自分をごまかしているのだ。

皮肉なことに、「お金では幸せになれない」というのは真実である。生活の必要さえ満たせば、それ以上のお金があっても幸せになれないからだ。金持ちはみな、それを知っている。彼らがお金を稼ぐのは自由を得るためだ。**金持ちが自分の人生をコントロールしているのは、自分の時間をコントロールしているからである。お金がたくさんあれば、思いどおり生きていけるが、だからといって幸せになれるわけではない。**

たとえば、毎日、食べるものがほとんどなくて飢えていた人が、突然、食べ放題の状態に置かれたとしよう。しばらくは楽しいだろうが、やがていくらでも食べられる状態に慣れてしまう。一時的に幸せになれるが、長続きはしない。それと同じことだ。

貧乏になる男は「お金では幸せになれない」と自分に言い聞かせて、貧しいことに対して気分よくなろうとしているのである。しかし、口ではそう言いつつも、本音の部分ではそう思っていない。最善の解決策は、金持ちになって豊かさを経験することだ。

金持ちになるためのアドバイス
金持ちになったらしてみたいことを十項目列挙しよう。

68

貧乏になる男は「権力を得る」ためにお金を求め、金持ちになる男は「自由を得る」ためにお金を求める

ほとんどの人は金持ちを権力に飢えた資本家とみなしている。金持ちが財産を築くのは、政財界で権力を行使するためだと思い込んでいるのだ。その要因として、ハリウッド映画やテレビドラマが金持ちを冷酷で非情な人物として扱い、善良な人びとを欺いて権力の甘い汁を吸う姿を描いていることがある。これは娯楽としてはたいへんおもしろいのだが、実態とかけ離れている。

成功者がお金を求めるのは自由を得るためだ。自由が得られれば、家族を養うためにやむをえずしている嫌いな仕事を辞めることができるし、それ以外にも好きなことができる。自由市場経済の下では経済的自由をお金で手に入れることができる。ただし、そのためにはお金に対するマイナスの信念を捨ててプラスの信念と取り換えなければならない。

ほとんどの人が抱えている最大の問題は、お金に対してマイナスの信念をもっている人たちとつきあっていることだ。金持ちが金持ちと交際するように、貧乏人は貧乏人と交際する。その結果、どちらのグループも自分たちの信念を強化し、自分たちの正しさを確信する。すなわち、貧乏になる男は「貧しさ意識」を、金持ちになる男は「豊かさ意識」を強めるということである。

どちらのグループがより金持ちになるかは明らかだろう。あなたはもう、その理由を知っているはずだ。

お金はあなたの人生でもっとも重要なテーマのひとつだ。人生で経験する最大の楽しみと悲しみのいくつかは、お金に関する決定に由来する。つねに心の平安を得るかたえず不安にさいなまれるかは、自分の経済状態をコントロールできるかどうかにかかっている。

ロバート・アレン（アメリカの実業家、講演家）

金持ちになるためのアドバイス

これまでお金について抱いていたマイナスの信念と、この本で知ったプラスの信念を列挙して比較しよう。

69

貧乏になる男は「お金と健康は無関係だ」と考え、金持ちになる男は「お金で自分たちの命は救える」と考える

貧乏になる男は金持ちが物欲の権化だと考えている。実際、彼らが金持ちに対して抱く感想のほとんどすべてが否定的だ。

金持ちがお金についてめったに話をしない理由のひとつがそれである。金持ちは社会の少数派であり、差別的な扱いを受けているのが実情だ。彼らは金持ちが集まる高級住宅地で暮らしているときにもっとも居心地のよさを感じる。

高級住宅地での最大の話題はお金ではなく健康である。金持ちはお金と健康の密接な関係を知っている。

貧乏人は雇い主や政府、保険会社が提供する普通の医療保険で満足しなければならない。一方、金持ちは全米有数の医療機関で手厚い世話を受けることができる。理想的な世の中なら、

すべての人が経済的地位に関係なく同じ恩恵に浴するが、私たちが暮らす社会は理想的な世の中ではないので、お金が健康管理に直結するのが現状だ。

近年、アメリカの一部の地域では富裕層が協力し、先進医療を受けられるように高額の会費を払って名医に常時アクセスできるシステムを構築している。こうして会員はいつでも先進医療の恩恵に浴することができるようになっている。

貧乏になる男はこのシステムに反感を抱くが、金持ちになる男は自分の家族が先進医療を受けられるように日ごろひたむきに努力している。貧乏人はそれについて不満を言うのではなく、その怒りを金持ちになる原動力にすべきだ。そうすれば、自分や家族が病気になったときのために経済的な準備をすることができる。

私は貧しさと豊かさの両方を経験したけれど、やっぱり豊かなほうがいいわね。
ソフィー・タッカー（ロシア生まれのアメリカの女優）

金持ちになるためのアドバイス

金持ちになることが家族の健康のためにどれだけ重要かを考えよう。あなたと家族の命は、あなたがどれだけ財産を築くかどうかにかかっている。

第6章

お金に対して罪悪感をもっていないか?

お金は、あなたが任務を果たした証しである。
お金が与えられるのは、
あなたが人びとの願いをかなえたことを祝福するためだ。
——サミュエル・バトラー(イギリスの作家)

70

貧乏になる男は「野心は罪悪だ」と考え、金持ちになる男は「野心は美徳だ」と考える

ほとんどの人は周囲の人から「多くのものを欲しがるのは間違っている」と教え込まれた。この考え方の根底には、自分がもっているものに感謝して幸せを感じるべきだから、それを超える野心をもつことは罪悪だという思想がある。

一方、金持ちになる男は、人間がつねにもっと多くのものを欲しがる生き物だということを知っている。この野心がビジネスや科学、技術などすべての分野の進歩を促進してきた。

野心を失えば、世の中の大きな問題を解決する動機も失われる。自力で財産を築いた人たちは、解決策をお金と交換することが公平かつ公正だと確信している。社会の進歩に貢献しているなら、それに見合う報酬を得るのは当然だと考えているからだ。

金持ちが貧乏人に知恵を提供するのは義務感からではなく、社会に貢献して自分の足跡を残

したいからだ。この野心を罪悪とみなすのは論外である。貧乏になる男は金持ちが世の中の問題を解決してくれるのを期待しておきながら、彼らの野心を罪悪と決めつける傾向がある。それは、自分が努力しないことを正当化するためだ。

貧乏になる男は物欲を抑えて清く正しい生活を送っているつもりだが、住宅ローンの支払いのために夜も心配で寝られないのが実情だ。月曜の朝になると、これから大嫌いな仕事を再開しなければならない。本当は辞めてしまいたいのだが、ローンの支払いが残っているので、辞めるに辞められない苦しみを抱えて生きている。

お金は社会の美徳の尺度である。

アイン・ランド（アメリカの哲学者）

金持ちになるためのアドバイス

野心をもって金持ちをめざすべき理由を五つ列挙しよう。

71

貧乏になる男は「金持ちは俗物根性の塊だ」と考え、金持ちになる男は「金持ちは思考を自己防衛している」と考える

意識は人から人へと伝染する。金持ちとつきあって彼らの話しぶりに耳を傾けるといい。話題はいつでも「前進」と「向上」である。一方、貧乏人と話をすると、「恐怖」と「欠乏」に関する話題がたいへん多い。

貧乏になる男が理解していないのは、自分のそうした考え方が身を滅ぼす原因になっていることだ。彼らは金持ちになる男と同等の能力をもっているのだが、マイナスの信念のために平凡なレベルにとどまっている。

金持ちは貧乏人に特有の暗い人生観を聞かされるのを忌み嫌い、明るい未来と人生の喜びについて語りたがる。だから金持ちは金持ちとしかつきあわない。そのために貧乏人は金持ちが俗物だと考えるが、金持ちを俗物と決めつけるのは、貧乏人が自分たちのふがいなさを正当化

するためだ。

金持ちになる男は自分の意識のレベルを守り、たえず高めていかなければならないと考えている。だから自分より高いレベルの意識の人とつきあい、低いレベルの意識しかもっていない人を避けているのだ。とはいえ、金持ちは自分が偉いとか優秀だと思っているわけではなく、負のエネルギーにさらされないように自分を守っているだけだ。

貧乏になる男は恐怖と欠乏に根ざした思考にたえずさらされている。実際、新聞やテレビ、ラジオ、インターネットはネガティブなメッセージを私たちの意識に送信しつづけている。それらのメディアで好まれる話題は「破壊」「破滅」「破綻《はたん》」である。だから金持ちは自分の最大の資産である思考を自己防衛しているのだ。そのために貧乏人との間に壁ができるが、充実した人生を送るために払わなければならない小さな代償だと割り切っている。

金持ちになるためのアドバイス

もっとも親しい五人の友人がどのレベルの意識をもっているかを検証しよう。

72

貧乏になる男は金持ちが「傲慢だ」と考え、金持ちになる男は金持ちが「自信家だ」と考える

金持ちに対する誹謗《ひぼう》中傷は無数にあるが、そのなかでもっとも一般的なのは、「金持ちはうぬぼれが強く、自分が誰よりも優秀だと考える傲慢《ごうまん》な連中だ」というものだ。しかし、実際はそうではない。金持ちは傲慢なのではなく自信家なのだ。彼らはいつも自分を信じ、失敗しても落胆せずに教訓を学び、より強くなって復活する能力をもっている。

二〇〇八年のリーマン・ショック以降の不況で、世界中の金持ちが大きな経済損失をこうむった。しかし、彼らの多くはインタビューで「失ったお金を、それを得たよりも早く取り戻す自信がある」と言っている。これは「傲慢」ではなく「自信」の表れである。

金持ちになる男は長い年月をかけて自信を身につけるが、損失をこうむって奇跡的な復活を遂げるまでは本当の意味で一流のレベルには達しない。しかし、**いったん一流のレベルに達す**

ると、失うことを恐れなくなり、たとえ失ってもそのお金を取り戻せるという揺るぎない自信をもつようになる。

経験を積みながら恐怖が薄らいでいくと、金持ちになる男は愛と豊かさと感謝の気持ちにあふれるようになる。そしてその意識が彼らをますます大きな成功へと駆り立てる。その結果、資産は二倍、三倍に増える。やがて彼らは何でもなし遂げられると考えるようになり、その信念はやがて現実になっていく。こうして次々と成功を収めるようになると、精神力がますます強化され、傲慢と誤解されるほどの絶大な自信をもつようになる。

思いきったことをするためには自信をもたなければならない。

ドン・シュューラ（プロアメリカンフットボール監督）

金持ちになるためのアドバイス

自信をつけるために、毎日、「どんな苦難でも乗り越える自信がある」と自分に言い聞かせよう。

73

貧乏になる男は金持ちが「特権を利用して成功した」と考え、金持ちになる男は成功が「不断の努力のたまものだ」と考える

貧乏になる男は、金持ちが成功を収めている理由をたえず探し求める。自分たちよりうまくいっている謎《なぞ》を解明し、金持ちだけが得ている不当な特権をつきとめようとしているのだ。仮説を実証する根拠が見つからなければ、でっちあげる。たとえば政財界の便宜供与、ルール違反の裏取引、高学歴がそうだ。

しかし、**私は長年にわたって富裕層の研究をしてきて、彼らの成功の大きな要因は「目標への集中力」「職務への専念」「ひたむきな努力」であると断言できる。**自明のように聞こえるかもしれないが、ひたむきな努力とは、来る日も来る日も難問を解決する方法を考え抜くことだ。

金持ちになる男は自分の最大の資産が思考能力であることを知り、それをたえず活用するので頭の働きがますます冴《さ》えわたる。

肉体労働者は来る日も来る日も汗水たらして働いて努力しているが、報酬は比較的少ない。一方、一流の知的労働者は知恵を絞って努力して高額の報酬を得る。彼らはどんな難問でも、じっくり考えればたいてい解決できることを知っている。

貧乏になる男が退社時間になると仕事のことを忘れるのに対し、金持ちになる男は職場を出てからもたえず考えている。**最高のアイデアが浴室やジムでひらめくこともある。**一方、貧乏になる男は額に汗して働くばかりでアイデアを軽視し、自分がなぜ幸運に恵まれないのかをいぶかしく思う。

遊ばずに仕事ばかりしていると退屈な人間になるといわれるが、一心不乱に仕事に打ち込んで創意工夫すれば、大金を稼ぐことができる。お金がたくさんあれば、思いきったことができるから退屈な人間にはならない。

マルコム・フォーブス（経済誌『フォーブス』の元発行人）

金持ちになるためのアドバイス

知恵を絞って、財産を築くのに役立つ問題を解決しよう。

74

貧乏になる男は金持ちに対して「偏見」を抱き、金持ちになる男は金持ちに対して「共感」を抱く

貧乏になる男は金持ちと接する機会がほとんどないから、テレビドラマや映画に登場する金持ちの姿をもとにイメージを構築する。だから、金持ちを否定的な視点で描いたドラマや映画を何本か見て、「金をもっている連中はみなこの程度だ」と思い込んでしまう。

一方、金持ちになる男は、富裕層の多数派をもとに金持ちのイメージを構築する。どんな階層の人たちのなかにも薄汚いイメージを抱かせる少数派がいることを知っているからだ。

金持ちになる男は、金持ちの研究をしなければならないことを知っている。徹底的に研究し、富裕層が独特の信念をもつ人たちの集まりだという事実を発見する。金持ちはプラスの信念を身につけて無限の楽観主義を実践しているのだ。

財産を築くことに関するかぎり、金持ちは非凡な思想家である。その思想は知的な面ではな

く感情的な面で貧乏人の理解を超えている。なぜなら、**金持ちの思想は恐怖と無縁**だからだ。それが資産形成の秘訣《ひけつ》だと理解するのは貧乏人のごく一部であり、その秘訣を実践する人となるともっと少ない。

金持ちになるためには、恐怖を乗り越えて「豊かさ意識」をもつように粘り強く考え方をレベルアップしなければならない。これが貧乏人の大半が金持ちになれない本当の理由だが、挑戦する勇気をもっているなら、誰でも意識変革を通じて金持ちになることができる。

お金は道具にすぎない。それはどこへでも連れていってくれるが、あなたに代わってハンドルを握ることはない。

アイン・ランド（アメリカの哲学者）

金持ちになるためのアドバイス

自分が金持ちに対して偏見を抱いていないかどうかを検証し、もし抱いているなら、今すぐにそれを改めよう。

75

貧乏になる男は自分には「成功する才能がない」と考え、金持ちになる男は「考え方が成否を分ける」と考える

貧乏になる男は、目標を達成しようとして何度も失敗すると、自分には成功するだけの才能がないと考える。実際、ほとんどの人は金持ちになれないと思い込んでいるので、金持ちになろうとすらしない。一部の人は少しだけ挑戦するが、うまくいかないとすぐにあきらめて平凡な生活に甘んじる。

一方、金持ちになる男は行動が考え方によって決まることを知っているので、考え方を変えれば行動パターンも変わり、好結果につながると考える。**お金を稼ぐことは単純であり、お金は無限にあり、もっとお金を稼ぐには考え方をレベルアップすればよいというのが、金持ちになる男に共通する考え方である。**

金持ちになる男はお金を稼ぐことをゲームとみなし、世の中の問題を解決して人びとの役に

立つアイデアを見つけ、それによって多くの報酬を得る。彼らは、機会が無限にあり、明日は今日より豊かになると確信し、情熱を燃やしてワクワクしながら日々を送る。この姿勢が大きな機会をもたらし、他の金持ちを引き寄せて、多くのお金を稼ぐ結果になる。

愛にあふれた「豊かさ意識」はお金を引き寄せるが、恐怖におびえた「貧しさ意識」はお金を遠ざける。金持ちになる男は「豊かさ意識」をもっているので、ますますお金を引き寄せるが、貧乏になる男は貧しさ意識にさいなまれているので、ますます貧しさを引き寄せてしまう。

たとえ今お金がなくても、「豊かさ意識」をもって感謝しながらひたむきに努力するなら、やがて財産を築くことができる。**人はみな思いのままに金持ちになることができるが、ほとんどの人はそれを知らず、金持ちだけがそれを知っている。だからわずかな人だけが金持ちになるのだ。**

金持ちになるためのアドバイス

毎日、「私は思いのままに金持ちになることができる」と自分に言い聞かせよう。

76

貧乏になる男は「金持ちになる願望が不足している」と考え、金持ちになる男は「金持ちになる条件は全部そろっている」と考える

貧乏になる男が抱いている多くの誤解のひとつとして、金持ちは貧乏人より金持ちになりたいという願望が強いというものがある。しかし、たいていの場合、これは真実ではない。考えてみよう。金持ちになりたくない人がいるだろうか。金持ちになれば楽しいし、安心感が得られ、選択肢も増える。

それなら、なぜ多くの人は金持ちになりたいという願望を抱いていることを否定するのだろうか？

金持ちと貧乏人のどちらにでもなれるなら、貧乏人になりたいだろうか？

それに対する唯一の論理的な説明は、ほとんどの人は金持ちになれると考えていないということだ。つまり、**金持ちになりたいという願望はあるのだが、その願望を実現できるという信**

念が足りないのである。

貧乏になる男は他人が金持ちになっているのを見て、金持ちになることが可能であることを理解するが、自分には無理だと考える。金持ちになる男はこの教訓を早いうちに学ぶ。

「最初の百万ドルを稼ぐのがもっとも難しい」という格言がある。私はそれを大学の経済学の講義で初めて聴いた。教授は「お金を稼ぐには元手がいるから、最初の百万ドルを稼げば、それをもとにもっと稼ぐことができる」と説明していた。

たしかにそれは理論的には正しいが、さらに百万ドルを稼ぐのがより簡単になる本当の理由ではない。**本当の理由は、いったん最初の百万ドルを稼ぐと、自分は百万ドルを稼げるという信念が強化され、大金がスムーズに稼げるようになるからだ。**

金持ちになりたいという願望をもつことは簡単だが、大金を稼がないうちから金持ちになれると信じることは難しい。だから私はこの本を書いたのだ。金持ちになることが考え方の問題であることに気づいたなら、あなたはそれを実現するのに必要なものをすべてもっている。

金持ちになるためのアドバイス

金持ちに話を聞いて、この本を参考にいろいろな角度から質問してみよう。

77

貧乏になる男は資産形成と家庭生活が「両立しない」と考え、金持ちになる男は資産形成と家庭生活が「両立する」と考える

企業の社員研修を担当していて気づくのは、多くの人が資産形成と家庭生活が両立しないと勘違いしていることである。彼らはそれを二律背反の命題だと思い込んでいるのだ。これは恐怖と欠乏に根ざした意識のなせるわざである。なぜなら、一日の時間がかぎられているので、無理にお金を稼ごうとすると家庭生活が犠牲になるという考え方が根底にあるからだ。

私はセールスマンの業績アップを手伝うなかで、こういう主張を何度も聞かされた。彼らは一流企業に勤務する高学歴のセールスマンだ。それだけに自分の信念を語るときは絶対的な確信をもっている。彼らは間違っているが、自分では気づいていない。

一方、**金持ちになる男は資産形成と家庭生活が両立すると考えている。彼らは愛と豊かさにあふれた意識をもっているから、お金をたくさん稼げば家庭生活が充実することを理解してい**

るのだ。

多くのセールスマンを指導していて驚くのは、大リーグ情報やテレビドラマ、有名人のゴシップについてはじつによく知っているのに、金持ちになるための努力に毎日一時間か二時間を投資しようとしないことだ。**たわいもない情報を収集する時間を減らして仕事で業績をあげ、もっとお金を稼いで家族とふれあう時間を確保すべきではないだろうか。**

結局、彼らにとって家族は都合のいい逃げ口上なのだ。本当に家族を大切にしたいと思うなら、金持ちになって家族と一緒により多くの時間を過ごし、お金で買える機会を家族に与えるために努力すべきだ。要するに、資産形成をしながら家族と一緒に過ごすために効率よく時間を使うということである。それを実現する方法が見つからないからといって、それが存在しないというわけではない。家族を口実にするのではなく、それをむしろ発奮材料にして資産形成に励むべきなのである。

金持ちになるためのアドバイス

金持ちになる努力をしないために自分がどんな言い訳をしているかを検証しよう。

78

貧乏になる男は「会社で働けば安定する」と考え、金持ちになる男は「会社は不安定」であることを知っている

客観的にいうと、「安定」というものは存在しない。安定とは感情であり、自分は安定していると思えば、それによって心の平安を得ることができる。これこそ、人びとが会社、とくに大企業に就職して自分の雇用を守ろうとする主な理由だ。彼らは会社の事業規模と莫大《ばくだい》な資産ゆえに自分が安定していると思い込む。この快適な幻想のために、自分の家族の経済的繁栄を確保する本当の機会を逃しているのだ。

社長のように組織に多大な貢献をして高収入を得ている人は別だが、ほとんどの社員は収入と支出がほとんど同じなので、その職にしがみつかざるをえなくなり、自由になる機会を得ることができない。ほとんどの人が会社に雇ってもらおうとするのは、雇われずに同額の収入を得る方法を知らないからだ。

ビジネスのスキルは学校で教わるが、資産形成の方法は学校では教わらない。金持ちになることはそれ自体がスキルであり、それは何をするかとは関係ない。ただし、金持ちになる男は儲《もう》からない活動を避ける。これは重要な教訓のひとつだ。金持ちは投資に対して大きな収益が得られないとわかったら、その活動から手を引く。金持ちになる男はお金についてきわめて敏感である。なぜなら、経済的に自立するまでは本当の意味で自由になれないことを知っているからだ。

財産があれば、扉が開いてチャンスを得ることができる。もちろん会社で働いて金持ちになる人もいるが、それは自分で収入をコントロールできないので難しい。どちらの方法を選ぶかはあなたが決めることだから、好きなようにやればいい。どちらを選ぶにしろ、思考と労力を自分と家族のために財産を築くことに集中すべきである。

金持ちになるためのアドバイス

自分が金持ちになる方法を考えて、それを紙に書き出そう。

79

貧乏になる男は「起業が危険だ」と考え、金持ちになる男は「起業が資産形成の最速の方法だ」と考える

貧乏になる男は起業のリスクについて何度も警告されてきた。彼らは失敗の確率を調査し、事業を起こして貯蓄をすべて失った実例を見聞きして落胆する。さらに、大学には個人事業の誘惑に引っかからないよう学生に注意を喚起する経営学の教授がたくさんいる。

一方、**金持ちになる男は起業が資産形成の最速の方法だと考えている。彼らにとって最大のリスクとは、自分を信じないことだ。**たしかに起業の失敗率はたいへん高く、貯蓄をすべて失う可能性も恐ろしく高いが、もし成功すれば、経済的な豊かさと無限の可能性に満ちた生活を送れるから、金持ちになる男は思いきってリスクをとる。彼らはどんなに失敗してもいつか必ずうまくいくと信じている。

金持ちになる男が数々の失敗を経験したあとで成功する理由は、失敗から教訓を学んで自分

を磨き、知恵をつけて再出発するからだ。彼らは必ず財産を築けると確信している。

貧乏になる男は並の給料を得る仕事にとどまって経済的に平凡な生活を送る。彼らにとって最大の希望は、約四十年間働きつづけ、死ぬまで暮らせるだけのお金を貯めて、定年後は余生を安楽に過ごすことだ。

もし、成功した起業家が事業で成功したことのない人たちのアドバイスを聞いていたら、アメリカは今日のようなベンチャー大国にはならなかっただろう。偉大な起業家はみな、事業の成功には事業計画や損益計算書、キャッシュフローより大切なことがあることを知っている。

銀行の融資担当者は起業家の情熱、集中力、粘り強さを見落としがちだが、金持ちになる男はこれらの三つの要素が成功に不可欠であることを知っている。だから、貧乏になる男が安定を求めて現状に甘んじるのに対し、金持ちになる男は事業を起こして現状を打破するのだ。

金持ちになるためのアドバイス

数日間、自分が楽しいと感じる事業を起こすことを考え、書店に行ってどんな分野に興味をひかれるかを調べよう。事業は心で決めて、頭で運営するものである。

80

貧乏になる男は「一握りの人が富の大半を独占している」ことを批判し、金持ちになる男は「貧乏人が富裕層の仲間入りをする」ことを歓迎する

アメリカでは上位二〇パーセントの人びとが国家の富の八五パーセントを所有しているといわれているが、貧乏になる男はその現状に不満を抱いている。金持ちを賢い野心家とはみなさず、強欲な利己主義者と決めつけているからだ。

毎年、新たに金持ちになる人の数はたいへん多く、自由市場経済の下ではその一人になる機会はすべての人に平等に与えられている。富裕層は貧乏人が「金持ちクラブ」に加わることをつねに歓迎しているが、それが可能だと信じる人は貧乏人のなかにほとんどおらず、ましてや金持ちになることを本気でめざす人となるとごくわずかしかいない。

貧乏になる男は富の分配という考え方を信奉し、「金持ちは自分が受けている恩恵を社会に平等に分け与えるべきだ」と思い込んでいる。しかし、金持ちになる男はその思想が実現する

のを待つのではなく、積極的に行動を起こして世の中の問題を解決する方法を探し求める。この姿勢が発明とイノベーションにつながるのだ。彼らが知恵を絞るのは、社会を向上させるためではなく自分が向上するためだが、結果としてすべての人が恩恵を受ける。もし経済的なインセンティブがなくなれば、彼らは別のところでアイデアを売るだろう。

資本主義社会では一握りの人が富の大半を独占する。しかし、それは貧乏人に機会が与えられていないからではなく、与えられている機会を恐怖のために逃しているからだ。自分で財産を築く努力をするより、金持ちを強欲な利己主義者と非難するほうがたやすい。

この本の目的は社会の現状を変えることではない。貧乏人は全体として永久に変わらないからだ。この本の目的は、あなたが金持ちの仲間入りするのを手伝うことである。

金持ちになるためのアドバイス

野心的で斬新《ざんしん》な考え方をする人が社会の向上に寄与しても報酬が得られなくなれば、社会全体にとってどれだけ多くの損失になるかを考えよう。

81

貧乏になる男は「お金」が腐敗の原因だと考え、金持ちになる男は「お金の欠如」が腐敗の原因だと考える

お金は歴史を通じてつねに腐敗の元凶と目されてきた。賄賂《わいろ》から麻薬の密売に至るまで、お金はさまざまな場面で悪者扱いされているのが実情だ。

しかし、**お金は取引の道具であり、社会の腐敗の原因ではない。**たしかにお金が人間に腐敗した行動をとらせることもあるが、腐敗の本当の原因は人間の心に巣くう恐怖と欠乏である。言い換えると、腐敗の原因はお金そのものではなく人間の心なのだ。

お金は貧乏になる男が好んで使うスケープゴートである。人びとは金持ちになれないことに心の中で憤りを感じているから、お金を悪者扱いして気分よくなろうとしているのだ。お金を非難する方法を思いつけば思いつくほど、貧乏であることを正当化できると感じるのだろう。

貧乏になる男は「お金は諸悪の根源だから、金持ちになりたいと思ってはいけない」と考え

ている。しかし、それは財産を築けないことの言い訳でしかない。**お金を非難するエネルギーをプラスの方向に使ったなら、彼らは億万長者になるだろう。**しかし、考え方を変える人はわずかしかいない。だから金持ちはいつも少数派なのだ。

諸悪の根源はお金ではなく、お金がないことである。実際、自分の力でお金を稼ぐ方法を知っている人は銀行強盗をしない。貧乏になる男がお金を悪者扱いするのは感情論にすぎない。

お金は無味乾燥なものとみなされ、世間では臭いものにふたをするような扱い方をされがちだが、その働きと秩序は香り立つように美しい。

ラルフ・ワルド・エマーソン（アメリカの思想家）

金持ちになるためのアドバイス

お金が腐敗を生むという信念を抱いていないかを検証しよう。ビル・ゲイツやウォーレン・バフェットのような大富豪がどれだけ慈善活動を推進しているかを調べよう。

82

貧乏になる男は「金持ちは精神的に堕落している」と考え、金持ちになる男は「金持ちは精神的に豊かだ」と考える

私が約二十五年間の研究で知ったもっとも有害な信念のひとつは、貧しさは美徳で、金持ちであることは間違っているというものだ。一般大衆は長い間お金についてひどい洗脳を受けてきたので、お金を多少なりとももっているのが奇跡的なくらいである。

私は今まで、マザー・テレサがカルカッタで貧しい人びとに奉仕しているという話を何度も聞いた。たしかにそれは事実だが、マザー・テレサはものすごい経済的支援を受けていた世界でもっとも影響力のある指導者の一人だったということはあまり知られていない。だからといってマザー・テレサの偉業が色あせるわけではないが、彼女が莫大な富と無縁だったと考えるのは早計である。

私は世界中の多くの金持ちと話をして、彼らが精神的に堕落しているどころか、精神的に豊

かで高い品格の持ち主であることを知った。特定の宗教を信仰している人たちもいたし、そうでない人たちもいた。いずれにしろ、**金持ちの共通点は、高次の力が豊かで幸せな人生を後押ししてくれていると信じていることだ。**自分の信念を貫いて生きているが、偏見をもたずに心を開いているので、他人に自分の信念を押しつけたりはしない。

金持ちになる男は「豊かさ意識」をもち、たえず目標に向かって前進しつつ、身の回りのものに感謝している。金持ちがたいへん幸せな人生を送っているのも不思議ではない。金持ちになることと充実感を得ることを同時に追求しているからだ。うれしいことに、私たちも彼らの考え方をまねれば、同じようになることができる。

お金を稼ぎ、お金で買えるものの恩恵を得ることはすばらしい。しかし、私たちは、お金で買えないものを見失っていないかどうか時折点検する必要がある。

ジョージ・ホレース・ロリマー（アメリカの作家）

金持ちになるためのアドバイス

お金について罪悪感を抱かせるような洗脳を受けていないかどうか検証しよう。

83

貧乏になる男は
金持ちになると「友人を失う」と考え、
金持ちになる男は
金持ちになると「友人が増える」と考える

多くの人が金持ちになれない原因になっている思い込みのひとつは、豪邸に引っ越したら友人を失う恐れがあるというものである。どんなに金持ちになっても、友人がいなくなれば意味がないというわけだ。

しかし、そんなことは現実には起こらない。**私はこれまで、中間層から富裕層の仲間入りをした人をたくさん見てきた。嫉妬《しっと》や羨望《せんぼう》のために何人かの友人を失うことはあるかもしれないが、はたしてその人たちは本当に友人だったのだろうか。**

金持ちになれば、失うよりはるかに多くの友人を得ることができる。金持ちになった人に近づいてくる連中のことを言っているのではない。ここで言っているのは、**金持ちになると新しい出会いによって世界が開けてくるということだ。**いつでも好きなところに行くだけの時間とお金があり、人間的にたいへん魅力のある成功者たちの輪の中に入ることができる。

私は一文なしの貧乏人から二年後には大統領諮問委員会のメンバーに選ばれた。他のメンバーにはハリウッドスターや外国の指導者、一流企業の経営者がいた。金持ちがこういうすばらしい機会に恵まれるのは、金持ちには金持ちの友人がいて、その人たちが慈善夕食会に一万ドル、美術品競売による資金集めに五十万ドルを払ってくれることを主催者が知っているからだ。

貧乏になる男はそれを裏取引と呼ぶが、金持ちになる男はそれを互恵《ごけい》取引と呼ぶ。その恩恵は、物事を大きく考えて仕事と人生で勝つ方法を知っている人たちと知り合って、生涯の友人になれることだ。実際、彼らは私が出会ったなかでもっとも慈愛にあふれたすばらしい人たちである。

金持ちになるためのアドバイス

一万人のすばらしい友人をもてば、人生がどう変わるかを想像してみよう。

84

貧乏になる男は
金持ちになるには「健康を犠牲にせざるをえない」と考え、
金持ちになる男は
金持ちになるとより「健康になれる」と考える

貧乏になる男によくある思い込みは、財産を築くには睡眠時間を削ってストレスと闘いながら健康を犠牲にして休日返上で働かなければならないというものだ。

しかし、それは誤解である。お金があれば十分な健康管理ができるし、手厚い医療の恩恵に浴することができる。自分の地域では受けられない最先端の治療が必要になれば、それを提供してくれる場所に飛行機で直行すればいい。ところがそれにはお金がかかるから、貧乏人には難しい。たとえできたとしても、先進医療を優先的に受けるにはコネが必要になる。理不尽な話だが、それが現実だ。

あなたや私が権力を握って社会を改革すればいいのだが、それは実際問題として不可能である。だから、金持ちになって自分や家族の命を救うために手厚い医療を受けられるだけの経済力をもつことが重要なのだ。

金持ちになるとより健康になれるもうひとつの理由は、貧乏人のストレスの最大の原因を取り除くことができるからだ。それはお金である。金持ちは請求書の支払いを心配する必要がない。彼らは美術品を収集し、次の慈善イベントは誰の家で主催するかを話し合うのが好きだ。私は富裕層の人たちと何年もつきあってきたが、金持ちは貧乏人と違ってお金にまつわるストレスや心配事と無縁で、眠れない夜を過ごしていない。

お金で幸せを買うことはできないが、お金があれば多くの問題をすんなり解決できる。お金の心配をしなくていいなら、どれだけ健康になれるかを想像してみよう。毎日、目覚まし時計に起こされず、寝たいだけ寝ることができれば、どんなに健康にいいか。嫌いな上司と決別するだけの経済力があれば、ストレスがなくなってどんなに快適な日々を送れるか。金持ちになって得るものは多いが、失うものとは何だろうか。

金持ちになるためのアドバイス

金持ちになれば健康によい影響を与える理由を列挙しよう。気力と体力と情熱があれば、あなたはより早く金持ちになることができる。

第7章

子どもにお金の重要性を教えているか？

正直に働いてお金を稼ごうとする人は賢者である。
なぜなら、お金はこの世で価値のあることをするのに役立つからだ。
一方、不正な手段で金儲けをしようとする人は愚者である。
お金を所有することの利点のひとつは、
それが自立を促進し、心にゆとりをもたらすことだ。
借金を背負って首が回らない人は、
自立するどころか奴隷のような状態にある。

――B・C・フォーブス（経済誌『フォーブス』の創刊者）

85

貧乏になる男はお金に対する「マイナスの信念」を子どもに伝え、金持ちになる男はお金に対する「プラスの信念」を子どもに伝える

貧乏になる男はお金について自分が教わったのと同じマイナスの信念を次世代に無意識に伝えている。そして、その信念のために貧困が連鎖し、家族は同じ経済レベルに何十年もとどまってしまう。残念なのは、子どもに伝えるときに親がその信念を疑問視しないことだ。

一方、金持ちの親は金銭感覚が鋭く、お金に関する真実を子どもに教える。まず指摘するのは、貧乏人がお金についてどれだけ誤解しているかということだ。次に、金持ちになりたいと思うのは正しいことで、お金に対するプラスの信念を身につければ、その願望は実現できると教える。さらに、お金があるからといって他人を見下したり威張ったりすることがないように厳しくしつけ、世の中の問題を解決して社会に貢献することによって正しくお金を稼ぐ方法を教える。

その結果、金持ちの子どもはお金を、少数の人が大勢の人を支配するための道具ではなく、世の中をよくするための生産的な力とみなすようになる。金持ちの親が子どもに伝えるもっとも重要な信念は、**望むだけのお金を自助努力で手に入れる力を自分はもっているということだ。それは学歴や知能指数、学業成績とは関係ない。**

自分は金持ちになるのに必要なものをすべてもっているという信念こそが、他のどの信念よりも多くの金持ちを生み出してきた。それは親から子への単純だが強力な自信の伝授である。**親が子どもに言うべきもっとも重要なセリフは、「私はおまえを信じている」「おまえなら必ずできる」である。**

金持ちになるためのアドバイス

子どもと向き合って、お金に対して抱いている信念をすべて紙に書き出すように言おう。次に、その信念が子どもを限定しているかどうかを見極め、もしそうなら、その信念を矯正するのを手伝おう。

86

貧乏になる男は「生き残る方法」を子どもに教え、金持ちになる男は「金持ちになる方法」を子どもに教える

ほとんどの人は親や教師をはじめ権威者から生き残る方法を教わって育つ。**貧乏になる男のモットーは、「学歴を身につけ、よい仕事を見つけ、結婚し、子どもをつくり、もっているものに感謝して生きなさい」である。もちろんこれは悪いアドバイスではないが、大成功にはあまりつながらない。**

金持ちになる男は子どもに「この世の中は格差社会で、金持ちと貧乏人の二極化が進んでいる」と教える。実際、少数の人が社会の富の大半を独占しており、ほとんどの人はわずかしか財産を所有していない。子どもは幼いころからそれを聞いて育つため、世の中の現実と向き合うようになる。

さらに、金持ちになる男は「金持ちになっても偉いわけではないが、普通ではなかなか得ら

れない機会に恵まれる」と子どもに教える。たとえ名門私学でもお金の教育をすることはめったにないから、金持ちはお金については自分で子どもを教育する。稼ぐこと、貯めること、投資することに関するしつけは、富裕層の家庭では夕食時の日常的な光景だ。

私がそれについて講演で紹介したところ、「差別的なエリート教育だ」という反論があった。つまり、「金持ちが貧しい庶民を見下すような教育を子どもにするのはけしからん」というのだ。

しかし、そうではないのだ。金持ちの親は世の中の現実を客観的に見るように子どもをしつけているだけだ。経済的地位に関係なく、すべての人が平等に社会の恩恵に浴することができればすばらしいが、残念ながらそれは現実ではなく夢物語である。**正しいか間違っているかは別として、お金があれば特権を得ることができる。子どもが早いうちにそれに気づけば、自分はどうすればいいかを自然に学ぶようになる。**

金持ちになるためのアドバイス

この本からあなたが学んだように、あなたの子どもにもお金について少しずつ教えていこう。

87

貧乏になる男は「自分の例」を示して子どもに教え、金持ちになる男は「手本」を示して子どもに教える

世の中の親はみな、子どもに教えるもっともよい方法は手本を示すことだと考えている。しかし、いくら働いても貧しい親の姿を見て育った子どもは、「世の中はどうせこんなものだから、自分もやがてそうなる」と思い込む。彼らは、お金を稼ぐのは困難で、お金を貯めるのはさらに困難だと考える。

金持ちになる男は成功を収めることによって子どもに手本を示す。親が財産を築くのを見て育った子どもは、お金に対して希望に満ちた信念を身につける。だから世間の人から「こんなご時世では財産を築くのは不可能だ」と言われても信じない。

貧乏人に特有のマイナスの信念の影響力は毎日のように及ぶ。しかし、親は子どもに対して圧倒的な影響力をもっているから、恐怖と欠乏におびえた一般大衆の影響力を打ち消すことが

できる。

親から何年も前に言われたことを思い出してみよう。よいことも悪いことも、いまだにはっきりと記憶に残っているはずだ。親がそれだけ強い影響力を子どもに対してもっている証である。

問題は、貧しい親が長期的な影響を考えず何気なく口に出して言ったことを、子どもがいつまでも覚えていることだ。一方、金持ちになる男は親が子どもの信念に影響を与える最大の存在であることを自覚しているから、子どもに信念を伝えるときは慎重を期す。お金のように大切な事柄についてはなおさらだ。彼らは子どもの将来の経済力を大きく左右する力をもっていることを肝に銘じ、子どもに対する日ごろの言動に細心の注意を払う。だから、金持ちの親に育てられた子どもはお金に対してプラスの信念をもって大人になり、それにもとづいて前向きな行動をとるようになる。

金持ちになるためのアドバイス

財産を築くのに必要な規律を子どもに教えよう。

88

貧乏になる男は
お金を「貯める方法」を子どもに教え、
金持ちになる男は
お金を「投資する方法」を子どもに教える

小銭を貯めようとすることが貧乏になる男の没落の秘密である。ただし、お金を貯めるのが悪いというのではない。そのもとになっている意識が危ういのだ。貧乏になる男は恐怖と欠乏に根ざした意識で生きている。だから彼らにとって財産を築く方法とは、ひたすらお金を貯めて、一生生活に困らないようにすることだ。

一方、**金持ちになる男は子どもに対し、「財産を築くもっとも効率的な方法はお金を堅実に投資することだから、合法的な手段を活用して手持ち資金を最大化すればいい」と教える。**さらに、「お金はモノやサービスと交換するための道具だから、人びとに価値を提供してお金を稼ぐべきだ」と教える。

金持ちになる男は愛と豊かさにあふれた意識で生きているから、人びとの生活に役立つアイデアを思いつく豊かな発想力と、失敗してもやり遂げるたしかな実行力をもっていれば、お金はいくらでも手に入ることを知っている。

金持ちになる男は資産形成をゲームとみなし、その考え方を子どもに伝える。彼らはそのゲームが怖いものではなく楽しいものだと教えるから、子どもは積極的に挑戦し、世の中に足跡を残そうと期待に胸をふくらませる。

金持ちになる男は成功やお金、ビジネス、投資などの実用的な知識が得られる本を読むように子どもに教える。

貧乏になる男の子どもは、人生は厳しくてつらいものだからお金を貯めて無事に定年を迎えるように教えられる。一方、金持ちになる男の子どもは、人生は楽しいゲームだから無限の豊かさを手に入れることを期待するように教えられる。

金持ちの子どもの多くが自力で財産を築く謎《なぞ》が、これで解けたのではないだろうか。

> **金持ちになるためのアドバイス**
>
> 子どもには質素倹約を説くと同時に、大きな夢を追い求めるように期待をふくらませることを教えよう。

89

貧乏になる男は「財産を築くことが家庭の崩壊を招く」と考え、
金持ちになる男は「財産を与えることが子どもの破滅を招く」と考える

お金をもっていない人の間では、お金の評判はすこぶる悪い。お金は友情の破綻《はたん》から家庭の崩壊までさまざまな不幸の原因として槍玉《やりだま》にあげられる。実際、多くの家庭ではお金が問題をつくり出すのを恐れるあまり、お金の話題をタブーにしているほどだ。

しかし、歴史的に見ると、たとえば、多くの女性が夫に虐待されても不幸な結婚生活を続けざるをえなかったのは、お金をもつことができなかったからだ。お金があれば、自分を奴隷の身から解放できるし、家族が夢を追い求めるのにも役立つ。

貧乏になる男はお金が腐敗を招くと考えているが、お金はその人の本性をあらわにするだけである。お金が家庭の崩壊を招くのではなく、お金を手に入れる前からその家庭は崩壊しているのだ。お金はそれを手にする人の本性を拡大するだけだから、お金を手にすると、善人はますます善人になり、悪人はますます悪人になる。

お金と家庭の関係でもっとも深刻な問題は、親が子どものためによかれと思って莫大《ばくだい》な財産を与えるときに発生する。この場合でも**問題はお金そのものではなく、お金の目的を理解せず、お金のありがたみを知らない子どもに財産を与えることだ。**そういう子どもは不適切な行動をとり、不幸を招きやすい。だから、多くの金持ちはあえて子どもに財産を与えず、慈善事業に莫大な寄付をする。自分の力で築いたのではない財産のために、多くの金持ちの子どもが人生を崩壊させてきた。自分の力で生きるすべを見つける必要に迫られなかったので、大人になってもお金の使い方がわからなかったのである。

貧乏になる男はこうした一部の富裕層の金銭スキャンダルをあげつらい、金持ちにならないことの言い訳をする。一方、**金持ちになる男はお金の落とし穴にはまらないように子どもをしつける。**

金持ちになるためのアドバイス

家族がいるなら、お金について話し合う機会をもとう。お金の恩恵と限界を指摘して子どもを正しい方向に導くように教育しよう。

90

貧乏になる男は「友達をつくって人気者になる」ように子どもに教え、金持ちになる男は「人脈をつくって成功者になる」ように子どもに教える

貧乏になる男は人脈づくりの重要性を子どもに教えない。子どもが学校生活を楽しめるように、クラスの人気者になって友達をたくさんつくればいいと考えている程度だ。

一方、**金持ちになる男は、早くも高校のころから人脈をつくることが平凡な人生と豊かな人生の差につながることを子どもに教える。**影響力のある裕福な家庭から寄付を募る名門私学に通う子どもにとって、このことはさらに大きな意味をもつ。

金持ちの親は子どもに対し、クラスの友達や同窓生、教師、教授などの人脈をつくり、将来の仕事と人生に役立てることを奨励する。貧乏人の多くは子どもが体育系クラブの花形選手かチアリーダーになって人気者になることを期待するが、金持ちの親は子どもの将来設計を考えて人脈づくりを通じて成功者になるように準備する。

貧乏になる男は金持ちのこうした考え方を理解せず、他人を成功の踏み台にしていると考える。しかし、それはまったくの誤解だ。**自力で財産を築いた人はみな、多くの人の支援と協力があったからこそ成功したことを実感している。**

物事をなし遂げるには他人の力添えが必要になるから、貧乏になる男が住所録のリストを見て助けを求めるのに対し、金持ちになる男は何年もかかって大勢の人と築き上げた人脈のデータベースをチェックする。彼らは新しい仕事を探しているとき、求人広告やインターネットに頼らずに人脈を活用する。活動資金や合同事業のパートナー、投資のアドバイスが必要になれば、豊富な人脈のなかからすぐに助けが得られる。それというのも、金持ちの親が幼いときから子どもに金持ちになる秘訣《ひけつ》を教えたからである。

金持ちになるためのアドバイス

子どもと向き合って、人脈をつくる方法を教えよう。大学卒業の時点で少なくとも千人をデータベースに入れることを目標にさせよう。

91

貧乏になる男は「現状に安住すること」を子どもに教え、金持ちになる男は「夢を追い求めること」を子どもに教える

ほとんどの子どもは、現状に安住して人生に感謝するように親から指導されている。この育て方は有害ではないが、平凡な生活に甘んじるように子どもの将来を限定している。

一方、金持ちになる男は大きく考えて高遠な夢を追い求めることを子どもに教え、それを実現するにはひたむきに努力しなければならないと言い聞かせる。彼らは**子どもが自分の才能と興味を見極めるのを手伝い、その気になれば大好きなことをして将来を設計できるという信念をもたせる。**

貧乏になる男は子どもに生計を立てるための普通のやり方を教える。一方、金持ちになる男はすべての選択肢を考慮し、もし子どもの最大の利益になるなら普通とは違うやり方を試みることを喜んで認める。

貧乏になる男は子どもの将来の成功を学校の成績で予測するが、金持ちになる男は社会的成功者のなかには学校嫌いで成績がよくなかった人が少なくないことを知っている。貧乏になる男が安全策をとり、なるべく楽をしようとするのに対し、金持ちになる男は大きな夢を追い求め、子どもにも同じことをするように教える。**彼らにとって人生は恐れることなく大胆にプレーすべきゲームであり、子どもにも自分の生き方でつねに手本を示す。**

金持ちになるためのアドバイス

じっくり計算してリスクをとることの重要性を子どもに教えよう。

92

貧乏になる男は お金の重要性を子どもに「あまり」教えず、金持ちになる男は お金の重要性を子どもに「しっかり」教える

多くの子どもは親から「お金では幸せになれない」と何度も教えられる。しかし、大半の親はお金をあまりもったことがないのだから、どうしてそんなことがわかるのだろう。

こんな育て方がずっと行われてきたのはなぜか?

主な理由は、「金持ちになりたいと思うのは間違っているので、将来、子どもが浅ましい拝金主義者にならないようにしつけることが親の務めだ」と思い込んでいるからだ。

一方、金持ちは、経済的に恵まれなければ、子どもが大人になってからお金の苦労をしながら生きていくはめになると考えている。だから**時間をとって子どもと向き合い、お金というもっとも誤解されているテーマについてじっくり教える。**

貧乏になる男はお金について論理的に考えずに感情的に反発する傾向がある。ふだんは理性

的な人でも、金持ちになりたいという欲求をもつ人に対しては理性を失って批判的になりやすい。そこで金持ちになる男は、子どもが将来そういう状況に遭遇することに備えて、「それは貧乏人の考え方によるものだから、冷静に対処しなさい」と教える。

貧乏になる男がお金の重要性を子どもにあまり教えないのに対し、金持ちになる男はお金の重要性をしっかり子どもに教える。そのなかには、**お金に対する考え方だけでなく、誰の意見を聞くべきか、さらに誰の意見を無視すべきか、ということも含まれる。**

これが金持ちの親の知られざる秘密のひとつである。それが子どもの将来にどれだけ有利に働くか想像できるだろうか。もし子どものころにお金の教育をしっかり受けていたら、あなたはどんなに金持ちになっていただろうか。

金持ちになるためのアドバイス

金持ちになりたいという願望を語ったら、批判されるかもしれないと子どもに教えよう。

93

貧乏になる男は「大衆の遊び」を子どもに教え、金持ちになる男は「金持ちの遊び」を子どもに教える

アメリカでもっとも人気のあるスポーツは野球、サッカー、バスケットボール、フットボールで、もっとも人気のあるゲームはビデオゲームである。一般大衆はこれらのスポーツとゲームを娯楽として楽しんでいる。

一方、**富裕層にもっとも人気のあるスポーツはゴルフ、テニス、乗馬で、もっとも人気のあるゲームのひとつはチェスである。だから将来、子どもに金持ちと接触する機会を与えたい親は、これらのスポーツとゲームを教える。**

貧乏になる男はそういう考え方を理解せず、その機会を子どもに与えようとしない。そんなことをしなくても、スポーツやゲームと同じように社会でもルールを守っていれば成功すると思っているからだ。たしかに理想はそうだが、現実はそんなに甘くない。

金持ちになる男は子どもが将来できるだけ優位に立てるように最大限の配慮をする。そのひとつが大人になってから役に立つスポーツとゲームを教えることだ。子どもがいやがるのなら無理に押しつけるべきではないが、本人が興味を示すなら教えてみる価値はある。

「取り決めは役員会よりゴルフコースで成立しやすい」とよく言われる。私の研究でもそのとおりだと思う。だから、これらのスポーツとゲームにふれる機会を子どもに与えることを提唱しているのだ。

今はまだ子どもでも、すぐに大人になって成功を追い求めるようになる。影響力のある人と知り合いになればなるほど、金持ちになることができる。将来に有利な遊びになじんでおくことは、成功の秘訣のひとつである。非情な戦略のように聞こえるかもしれないが、**理不尽な世の中で成功するには効果的な処世術を教えることも重要なのだ。**

金持ちになるためのアドバイス

富裕層に人気があるスポーツやゲームを子どもに紹介し、もし本人が興味を感じるなら、レッスンを受けさせて将来の成功を支援しよう。

第8章

自分に投資しているか？

学校教育は生計を立てるのに役立ち、
自己啓発は財産を築くのに役立つ。
——ジム・ローン（アメリカの起業家、コンサルタント）

94

貧乏になる男は「自己啓発はあまり価値がない」と興味を示さず、金持ちになる男は「自己啓発にたえず投資」する

会計士や技術者になりたいなら大学に行けばいいが、金持ちになりたいなら金持ちから学ぶべきだ。自己啓発の分野には、成功の秘訣《ひけつ》を伝授してくれる金持ちの著述家や講演家、実業家が勢ぞろいしている。一部の学者はこの分野を軽視するが、大勢の人の成功を力強く後押ししていることは間違いない。

私は経営コンサルタントとして講演を行うたびに、「金儲《かねもう》けの秘訣は何だと思うか？」と聴衆に問いかける。いちばん多い答えは「ビジネススクールに行ってＭＢＡ（経営学修士）を取得すること」である。多くの人が資産形成について無知であることの証しだ。**私はかつて高校中退の起業家のセミナーで成功の秘訣を伝授してもらい、一年間で収入を倍増させた。大学教授が同様のセミナーを開催できるだろうか。**

私がこれまでに得た最高のアドバイスは、事業を立ち上げて成功した人たちによるものだ。彼らは失敗談を披露し、実体験にもとづく成功の秘訣を伝授してくれる貴重な存在である。セミナーを受講しても学位は得られないから、企業の採用担当者は評価してくれないが、人生を変える方法や事業を立ち上げる方法が学べるので大きな収穫が得られる。

金持ちはセミナーの受講に際して学者や政府の推薦がなくても気にしない。彼らが求めるのは結果である。たとえば、人前で話す技術は政財界のリーダーには不可欠だが、大学でパブリック・スピーキングを学んでも効果がない。むしろ、その分野の第一人者のセミナーを受講したほうがはるかに効果的だ。私は人生の師と仰ぐ故ビル・ゴーブからその技術を学んで成功することができた。

自己啓発に興味を示すのは総人口の五パーセント程度だが、彼らは社会でもっとも成功している人たちだ。彼らの多くが「自己啓発の大家と呼ばれる人たちから成功の秘訣を学んで金持ちになった」と証言している。

金持ちになるためのアドバイス

一流の講師による自己啓発のセミナーを受講し、成功の秘訣を伝授してもらおう。

95

貧乏になる男は外国旅行を「出費」とみなし、金持ちになる男は外国旅行を「投資」とみなす

貧乏になる男は外国の文化を本や学校、テレビで知る。関心がないからではなく、世界を旅して現地の文化にふれるだけの経済的余裕がないからだ。

金持ちになる男は、旅行を通じて見聞を広めることが仕事と人生の両面で戦略的に優位につながることを知っている。彼らは旅先で訪れた風光明媚《めいび》な場所や体験した独特の異文化、出会った興味深い人びとについて話すのが大好きだ。そういう経験を積むことで他の金持ちと接点をもつことができる。

世界各地を旅することは、財産を築くうえでたいへん有意義な方法である。なぜなら、貧乏になる男は単なる観光目的で外国旅行をするが、金持ちになる男は外国旅行で得た知識を活用して多くの人と信頼関係を築くからだ。彼らはそうすることで取引を容易にし、幅広い人脈を

つくる。

つまり、貧乏になる男は外国旅行を「出費」とみなし、金持ちになる男は外国旅行を「投資」とみなしているのだ。異文化について学べば学ぶほど、仕事の会合や社交場、慈善活動で重要人物と知的好奇心にあふれた会話をすることができる。

人びとは信頼できて好感のもてる人と一緒に仕事をする。**国内では得にくい経験を共有し、世界各地の文化や習慣を学ぶことは、多くの金持ちと接するうえで大きな意味をもつ。**ひんぱんに外国旅行をして多種多様な異文化を肌で感じるだけの経済的余裕があるのは、金持ちだけである。

外国旅行を先行投資と考えて見聞を広めることを心がけよう。金持ちになりたいなら、金持ちの行動パターンをまねて積極的に外国に出かけ、異文化をじかに体験するといい。金持ちになりたいなら、金持ちが興味を抱くような人になることが重要だ。

金持ちになるためのアドバイス

外国の名所旧跡のなかで、これまでに訪れた場所とこれから訪れたい場所を十か所ずつ列挙しよう。

96

貧乏になる男は「基本的な社交術」しか身につけず、金持ちになる男は「洗練された社交術」を身につける

貧乏になる男は貧乏人と交際するようにしつけられてきた。学校では常識的なマナーを教わり、他人と接し、彼らの行動を観察して基本的な社交術を身につける。しかし、ほとんどの人はその域を超える社交術を教わらない。

一方、金持ちになる男は特有の話し方をし、特有の社交術を身につける。外部の人が金持ちの輪の中に入ろうとしても、不文律にしたがわないなら拒絶されるだけだ。貧乏になる男はそれを「エリート主義」と決めつけ、ハリウッド映画はそれを大衆向けに皮肉っぽく描く。しかし、金持ちは自分たちの世界を理解する相手とつきあいたいと考えているだけだ。外国に行って現地の言葉がわからないようなもので、いくら親しくなろうとしても、意思疎通がうまくできない相手と打ち解けることは難しい。

金持ちになる男は貧乏になる男と異なる世界に住んでいるから、考え方もかなり異なる。**貧乏になる男は暮らしていくのに必死だが、金持ちになる男はたえず夢を追い求めている。**貧乏になる男がよく使うセリフは「お金がない」と「物価が高い」だが、こんな話題は富裕層の間ではご法度だ。お金の話題が許されるのは慈善活動と美術品の競売のときぐらいで、しかも「お金を差し出す」という文脈に限定される。

金持ちになったばかりの人は、洗練された社交術をまだ身につけていないことがある。最初のうちは大目に見てもらえるかもしれないが、いつまでもそれでは浮いてしまう。

金持ちの社交術を身につける最高の方法は、彼らとひんぱんに接することだ。たとえば、金持ちが集まる場所に行く、慈善活動に参加する、高級カントリークラブに加入する、高級住宅地の近くに引っ越す、高級保養地に旅行する、などなど。以上の方法で富裕層の文化にふれるといい。彼らはあなたを快く迎え入れ、成功を温かく後押ししてくれるだろう。

金持ちになるためのアドバイス
洗練された社交術を教えてくれる講座を受講しよう。

97

貧乏になる男は読書を「娯楽のための活動」と考え、金持ちになる男は読書を「成功のための準備」と考える

貧乏になる男は学校教育だけが唯一の教育だと思い込んでいるので、卒業すれば学習をやめる。一方、金持ちになる男は大学が生涯学習の始まりであることを知っている。だから講演会や勉強会に参加するだけでなく、その他の学習の機会を積極的に活用する。

金持ちになる男は、経済的に成功すればするほど、もっと成功できると確信する。一部の小金持ちがたちまち金持ちになる理由はそこにある。彼らの特徴は、向上心に富んでいて貪欲《どんよく》に勉強することだ。

金持ちになる男は、アイデアが事業を発展させ、資産を増やす原動力になることを知っている。**億万長者の邸宅に行くと気づくのは、成功の秘訣が記された本が書棚にずらりと並んでいることだ。**

読書はというと、金持ちになる男はビジネス書と自己啓発書をよく読む。貧乏になる男が読むのはゴシップ紙と娯楽雑誌くらいだが、金持ちになる男は成功の秘訣を学ぶために本をむさぼり読む。貧乏になる男がゴシップ紙や娯楽雑誌を読んで成功に近づくことはまずないが、金持ちになる男はビジネス書と自己啓発書を読むたびにますます成功する。成功の秘訣を記した本を読めば、稼ぐ力が伸びてさらに金持ちになることの証しだ。

貧乏になる男は成功よりも娯楽に関心がある。だからテレビの人気番組といえば娯楽番組を指し、大勢の人が毎日それを見て時間を浪費しているのだ。金持ちになる男も娯楽はむろん好きだが、学習意欲が旺盛《おうせい》なので、成功の秘訣を学ぶことに大きな関心を抱く。

金持ちが世界の富の大半を独占している主な理由は、飽くなき探求の精神をもって生涯学習に徹しているからである。要するに、成功の秘訣を学べば学ぶほど成功して金持ちになるということだ。きわめて単純な原理だが、実践している人はわずかしかいない。

金持ちになるためのアドバイス

成功の秘訣を記した本をたくさん読んで生涯学習を実践しよう。

98

貧乏になる男は「金持ちは仕事中毒だ」と考え、金持ちになる男は「金持ちはよく遊んでいる」と考える

貧乏になる男が金持ちになれないことを正当化するひとつの方法は、金持ちを仕事中毒だと決めつけることである。

それにはふたつの理由がある。ひとつは、自分が貧しいことを美化したいから。もうひとつは、お金を稼ぐには長時間働かなければならないと思い込んでいるから。

しかし、それはどちらも見当違いである。なぜなら、**多くの金持ちに話を聞いたところ、彼らの多くはそれほど長時間働いていないからだ。**巨万の富を築くためにもっとも重要な技術は考え方だから、長時間労働は必要ないのである。

金持ちになる男は考え方にレバレッジをかけてお金を稼ぐことができる。だから、お金の心配をせずに余暇を使って外国を旅行し、趣味を楽しみ、家族とゆったりとした時間を過ごして

いる。経済的に余裕があるから、したいことをしたいときにできるのだ。そんなわけで、金持ちは貧乏人よりはるかに遊んでいる。

金持ちは財産があるから欲しいものを何でも手に入れ、自由に夢を見ることができる。彼らは人生を楽しむためのワクワクする方法を思いつくのが得意だし、友人をもてなすのも上手だ。**金持ちにとって選択肢はほぼ無限にあるから、遊ぶことにかけては彼らの右に出る者はいない。**

金持ちになるためのアドバイス

財産を築くプロセスを楽しもう。いったん金持ちになれば、途中で苦労したことがよい思い出になるだろう。

99

貧乏になる男は「必要なときだけ」お金を意識し、金持ちになる男は「いつも」お金を意識している

お金の心配をするときを除いて、貧乏になる男はお金についてほとんど意識しない。なぜなら、心の中でそれが間違っていると考えているからだ。

一方、金持ちになる男はお金についてつねに意識し、資産をもっと増やす機会をたえず探し求めている。なぜなら、それが正しいと考えているからだ。

金持ちになる男は、資産を増やして生活を向上させる機会をつかむために常時アンテナを張りめぐらせている。

金融危機のような非常事態や千載一遇の投資チャンスが訪れたとき、貧乏になる男は大慌てで資金をかき集めようとするが、**金持ちになる男はいつもお金を意識しているので、いざというときでも即座に資金を用意することができる。お金に関する基礎体力をふだんから鍛えてい**

るおかげで、どんな事態でも適切に対処できるのだ。

貧乏になる男が仕事をして賃金を得ることに集中するのに対し、金持ちになる男は仕事を最大限に活用して大金を稼ぐことに集中する。

貧乏になる男は、好きなことをすることと金持ちになることが相いれないと考えている。一方、金持ちになる男は、大好きなことをして、それを心から楽しみながら努力することが金持ちになる秘訣だと考えている。

金持ちになるためのアドバイス

最小の時間と労力でより多くのお金を稼ぐにはどうすればいいかを自分に問いかけよう。

100

貧乏になる男は「マイナスの信念」にとらわれて敗退し、金持ちになる男は「プラスの信念」に切り替えて勝利する

最後に、貧乏になる男と金持ちになる男の考え方の違いを確認してみよう。

貧乏になる男　「私は貧乏になるように生まれている」
金持ちになる男　「私は金持ちになるにふさわしい人物だ」
貧乏になる男　「どうせうまくいかないから、挑戦しても無駄だ」
金持ちになる男　「最初はうまくいかなくても、粘り強く挑戦すれば必ずうまくいく」
貧乏になる男　「お金で幸せは買えないから、お金をもっても意味がない」
金持ちになる男　「お金で幸せは買えないが、自由と安らぎを得ることができる」

貧乏になる男「お金は人間を堕落させる」
金持ちになる男「お金は自立を促進し、心にゆとりをもたらしてくれる」
貧乏になる男「金持ちになれるかどうかは運で決まる」
金持ちになる男「金持ちになれるかどうかは、自分を信じていかに努力するかで決まる」
貧乏になる男「金持ちは人びとを欺いて利得をはかっている」
金持ちになる男「人びとを喜ばせて社会に貢献すれば、大きな報酬を得ることができる」
貧乏になる男「金持ちは私利私欲に走って、他人への思いやりに欠ける」
金持ちになる男「稼いだお金の一部は、不遇な人びとのために慈善事業に寄付すべきだ」
貧乏になる男「金持ちは傲慢《ごうまん》で偉ぶっていて、ろくな人がいない」
金持ちになる男「金持ちだから偉いわけではなく、謙虚な姿勢で社会に奉仕すべきだ」

金持ちになるためのアドバイス

考え方を大きく変えて繁栄への道へ大きく一歩踏み出そう！

エピローグ――考え方を変えれば、人生は変わる

あなたは金持ちのように考えているだろうか?

この本にはその方法が余すところなく書かれている。

あなたがとるべき戦略はじつに単純明快。金持ちの考え方を学び、まねをし、行動を起こせばいい。ただそれだけのことだ。

この本では、金持ちになる男と貧乏になる男のお金に関する思考、習慣、哲学を徹底的に比較している。すぐに理解できるように項目別に要点を明記した。

婉曲表現《えんきょくひょうげん》を避けて断定的な筆致で書くことで、金持ちになる男と貧乏になる男の考え方の違いを浮き彫りにした。

この約二十五年間でじかに話を聞いた金持ちは数百人にのぼる。インタビューを通じて、その知られざる人生観にふれることができた。彼らはみな、全米有数の高級住宅地で暮らし、高級保養地で休暇を過ごす正真正銘の億万長者だ。異例の試みだが、匿名を条件に、金持ちになる秘訣《ひけつ》を無償で共有することを快諾してくれた。

財産を築く考え方を多くの金持ちから学んで、一冊にまとめたのがこの本である。あまりにも単刀直入な文章なので、読んでいて衝撃を受けるかもしれないが、あなたに勇気と希望を与えることを願ってやまない。

この本は、人びとがお金に対して抱いている信念を検証している。マイナスの信念を捨ててプラスの信念と取り換えるなら、あなたもきっと金持ちになれる。

多くの人があこがれる物心両面の豊かさを実現したいなら、この本を読んで研究してほしい。お金の心配から解放されて金持ちのライフスタイルを手に入れることは、意外と簡単にできることに気づくだろう。

スティーブ・シーボルド

謝辞

妻のドーン・アンドリューズ・シーボルド。この本の企画をずっと支援してくれたことに感謝したい。いつも最大のファンとして私の仕事に情熱を注いでくれた。おかげで、とても励みになった。

編集者のブレンダ・ロビンソン。辛抱強く助言してくれたことに感謝したい。

広報係のブルース・サービン。私のメッセージを世界中に広めるのを手伝ってくれたことに感謝したい。

訳者あとがき

本書は『HOW RICH PEOPLE THINK』(Steve Siebold, London House, 2010)の翻訳です。原著は刊行と同時に全米ベストセラーとなり、メディアでも話題になりました。

著者のスティーブ・シーボルド氏はシカゴ生まれのアメリカ人で、大学時代に富裕層の研究を開始し、現在は能力開発の第一人者として国際的に知られています。トヨタ自動車やジョンソン・エンド・ジョンソンといった一流企業の社員研修を担当するかたわら、講演者としても活躍し、セミナーはつねに好評を博しています。

この企画は、訳者が著者の評判を知ってネット書店で原書を入手したのがきっかけです。一読して著者の観察力と洞察力に感銘を受けました。こういう本は今まであまりなかったように思います。著者の主張は日本にもあてはまると感じ、訳出することにしました。

アメリカというと「豊かな国」のイメージがありますが、著者は「(それは表面だけで)大多数の人は貧しさへの恐怖におびえて暮らしている」と指摘しています。その主な要因として、子どものころに家庭や学校、近所で無意識のうちにお金に対してマイナスの信念を植えつけられていることをあげています。

たとえば、「お金は汚いものだ」「お金で幸せは買えない」「お金を稼ぐには、いやな仕事をしなければならない」といった考え方がそうです。

しかし、著者は「そういう考え方こそが自滅の原因になっている」と指摘し、プラスの信念と取り換えるように提案しています。

たとえば、「お金は生活を快適にする便利な道具だ」「お金を手に入れれば、自由を得ることができる」「大好きな仕事に打ち込んで価値を創造すれば、お金はあとからついてくる」といった考え方がそうです。

著者は「人生最初の二十五年間は貧しくて困っていた」と告白し、「金持ちの考え方を学んで行動に移した結果、金持ちの仲間入りを果たすことができた」と語っています。

それに対し、全米の読者から「そうは言っても、最近は景気がたいへん悪く、以前のようにお金を稼ぐことは難しいのではないか」という意見が数多く寄せられました。

著者の回答はおおむね次のとおりです。

「タフな時代にはタフな人材が求められます。現在は経済の転換期なので、問題が次々に発生していますが、見方を変えれば、これはピンチではなくチャンスなのです。多くの問題のなかのどれかを解決する方法を見つければいいのですから。世の中は問題の解決策に報酬を与える仕組みになっています。したがって、それを利用するのがチャンスをつかむいちばんよい方法だといえます。まずモノやサービスのアイデアを生み出し、次にリスクをとることです。ただし、リスクをとるというのは無謀な賭《か》けをするという意味ではなく、周到に計算したうえで決断するという意味です。究極的には、豊かな発想力とたしかな実行力が成否を分けます。混迷の時代にはチャンスが増えますから、既成概念にとらわれず、つねに心を開いてワクワクしながら可能性を追い求めてください」

著者のこうした主張はまさに逆転の発想で、希望に満ちた明るい未来への応援メッセージだと思います。本書が読者のみなさまのご参考になることを願ってやみません。

最後に、本書の翻訳出版に際しましては、サンマーク出版編集部の武田伊智朗氏にたいへんお世話になりました。記して厚くお礼を申しあげます。

訳者しるす

スティーブ・シーボルド（Steve Siebold）
アメリカの経営コンサルタント。ゴーブ・シーボルド・グループ代表。シカゴの貧しい労働者の家庭に生まれ、大学生のころに富裕層の研究を開始。その後、長年の研究成果を発表し話題に。現在、能力開発の第一人者として一流企業の社員研修を担当し、大勢の人材を育成する。主なクライアントはトヨタ自動車、ボルボ、ジョンソン・エンド・ジョンソン、P&G、グラクソ・スミスクラインなど。講演会はつねに絶大な人気を博し、収入で世界の講演者の上位1パーセントに入る。テレビ番組「メンタルタフネス」の司会を担当し、すぐれたトーク番組に贈られるテリー賞のモチベーション部門で最優秀賞を受賞。米ABC、英BBC、豪NBCなどのインタビュー番組に出演して成功の秘訣を解説し好評を得る。私生活では慈善活動に熱心に取り組み、社会的弱者の救済に尽力している。尊敬するのは貧しい環境で一生懸命に育ててくれた両親。現在、夫人と一緒に夏はジョージア州の避暑地で、冬はフロリダ州の保養地で暮らす。著書に『一流の人に学ぶ自分の磨き方』（かんき出版）がある。

弓場　隆（ゆみば・たかし）
翻訳家。訳書多数。主な訳書に『後悔しない生き方』（ディスカヴァー・トゥエンティワン）、『希望をはこぶ人』（ダイヤモンド社）、『一流の人に学ぶ自分の磨き方』（かんき出版）がある。

金持ちになる男、貧乏になる男

2012年5月1日　初版発行
2012年5月25日　第2刷発行

著　者　スティーブ・シーボルド
訳　者　弓場　隆
発行人　植木宣隆
発行所　株式会社 サンマーク出版
東京都新宿区高田馬場 2-16-11
（電）03-5272-3166

印刷・製本　中央精版印刷株式会社

定価はカバー、帯に表示してあります。落丁、乱丁本はお取り替えいたします。

ISBN978-4-7631-3210-9　C0030
ホームページ　http://www.sunmark.co.jp
携帯サイト　http://www.sunmark.jp